L'Art de diriger l'orchestre Richard Wagner & Hans Richter

Maurice Kufferath

1890

© 2024, Maurice Kufferath (domaine public)
Édition : BoD · Books on Demand, 31 avenue Saint-Rémy,
57600 Forbach, bod@bod.fr
Impression : Libri Plureos GmbH, Friedensallee 273,
22763 Hamburg (Allemagne)
ISBN : 978-2-3225-4146-1
Dépôt légal : Mars 2025

TABLE DES MATIÈRES

(ne fait pas partie de l'ouvrage original)

L'art de diriger l'orchestre
I
II
III
IV
V
VI
VII
VIII
IX

L'ART DE DIRIGER L'ORCHESTRE

IL s'est produit, l'hiver dernier, dans une grande ville très fière à juste titre de ses institutions musicales, un fait artistique intéressant, qui a donné à réfléchir à la critique et aux artistes.

On y a vu un chef d'orchestre étranger, substitué pendant quelques heures seulement aux chefs ordinaires de l'orchestre symphonique de cette ville, transformer la façon de jouer, le phrasé, l'expression, les nuances de cet ensemble instrumental si complètement que des œuvres classiques ou modernes souvent entendues, exécutées à différentes reprises dans des conditions excellentes et, par conséquent, bien connues, ont paru cependant presque nouvelles à un public nullement novice, très surpris, on le conçoit, de découvrir dans cette exécution pour ainsi dire improvisée des choses qu'il n'avait pas soupçonnées et de trouver des aspects si différents aux mêmes pièces de musique jouées vingt fois devant lui par les mêmes instrumentistes.

On eut ainsi la révélation de ce que peut l'art de diriger, et la sensation très nette d'une virtuosité particulière appliquée à un complexe sonore qu'on n'avait pas considéré jusqu'ici comme un instrument aussi docile à la volonté de l'interprète que peut l'être un piano ou un violon. Ce qui a rendu cette expérience particulièrement concluante, ce sont les conditions dans lesquelles elle s'est faite. Il y a de nombreux exemples de chefs d'orchestre fameux, voyageant de ville en ville avec un orchestre à eux, ou appelés à diriger exceptionnellement de grands ensembles où se trouvent réunis des instrumentistes de choix recrutés un peu partout. Dans ce cas, la composition de l'orchestre, la discipline résultant de l'unité de direction, la connaissance d'un répertoire restreint et souvent répété, suffisent pour expliquer la supériorité de l'exécution.

Cette fois, il s'agissait d'un orchestre depuis longtemps constitué, formant un corps de musique homogène, habitué à jouer sous des chefs différents sans qu'il en soit jamais résulté une modification essentielle dans le caractère de son exécution, un orchestre d'ailleurs souvent cité parmi les meilleurs de l'Europe et qui a de triomphantes journées à son actif.

Pour qu'en deux ou trois répétitions sa manière de se comporter ait pu être altérée au point de frapper non seulement les gens compétents, mais jusqu'à la masse du public, il faut bien admettre qu'il y a, dans la façon de conduire les artistes d'orchestre, un don particulier, une aptitude analogue à celle de tout virtuose pour un instrument déterminé, aptitude qui doit être soigneusement développée, gouvernée et entretenue.

En principe, on est depuis longtemps d'accord là-dessus ; dans la pratique, point. La plupart de nos chefs d'orchestre sont encore des produits du hasard, c'est-à-dire des compositeurs avortés, des pianistes ou des violonistes qui, n'ayant pas réussi comme virtuoses, s'installent un matin au pupître, sans se douter que l'art de conduire, de tous les arts relatifs à la musique, est peut-être celui qui réclame le plus de véritable sens musical et le plus de science, c'est-à-dire le plus de préparation, sans parler des facultés spéciales indispensables au métier proprement dit. Sans doute, dans le nombre de ces chefs, il en est qui, grâce à une bonne éducation antérieure et à une longue pratique, finissent par devenir des gens de métier très habiles. L'homme de métier n'est cependant que la moitié de l'artiste complet. La vérité est que l'Art de diriger devrait être une des branches de l'enseignement et former le complément nécessaire et obligatoire des hautes études musicales dans nos conservatoires[1]. Il n'est pas certain que chaque année scolaire produirait un chef supérieur, mais il est certain tout au moins qu'au bout d'un certain temps, il y aurait au pupître de nos théâtres et de nos concerts symphoniques, des hommes capables de lire, de comprendre et d'interpréter intelligemment une partition moderne ou classique. Alors aussi cesseraient les doléances des auteurs qui, trop souvent avec raison, se prétendent trahis et massacrés par des corps de musique dont les éléments excellents en soi leur permettaient d'espérer une interprétation supérieure.

Le chef d'orchestre à propos duquel ces réflexions ont surgi dans l'esprit de maint artiste n'est autre que le célèbre *capellmeister* viennois Hans Richter ; l'orchestre qui lui a servi de champ d'expérience, – si je puis ainsi dire, – est celui des *Concerts populaires* de Bruxelles, le même, à peu d'éléments près, qui dessert le théâtre de la Monnaie, et qui, avec l'adjonction des quelques professeurs du Conservatoire de Bruxelles, forme le très bel orchestre de la Société des Concerts de cet établissement. Le chef d'orchestre, justement fameux, qui le dirige d'ordinaire, M. Joseph Dupont, s'étant provisoirement retiré de la conduite des Concerts populaires, M. Richter avait été appelé à diriger la dernière séance de la saison. C'est ainsi que l'orchestre bruxellois s'est trouvé momentanément placé sous la direction de cet incomparable artiste.

J'ai suivi attentivement les trois répétitions qui eurent lieu sous la direction de M. Richter, et j'eus la curiosité de noter les observations qu'il adressa aux exécutants. Il m'a semblé qu'elles pourraient intéresser tous les artistes et qu'il y aurait peut-être quelque profit à en retirer, même pour ceux qui n'ont pas assisté à ce concert.

> 1. ↑ Ceci était écrit et déjà imprimé lorsqu'à paru le livre de M. Gounod sur *Don Juan*, dans l'appendice duquel l'illustre maître touche sommairement à la question du chef d'orchestre et exprime lui aussi, le vœu que l'art de diriger « fasse l'objet d'un *cours normal* dans l'ensemble d'éducation musicale représenté par nos Conservatoire ».

I

La principale œuvre inscrite au programme était la symphonie en *ut mineur* de Beethoven.

Cette symphonie a de tout temps été l'objet d'une prédilection particulière de la part des chefs d'orchestre. C'est leur concerto à eux, le morceau à effet où l'autorité de leur bâton se peut manifester avec le plus d'éclat. Aussi ont-ils tous l'ambition de la diriger ; mieux que cela, de la diriger bien. Par son caractère dramatique, l'œuvre appelle d'ailleurs une interprétation expressive : il ne suffit pas de l'exécuter. Il y a au fond une pensée qui veut être exprimée, un sentiment poétique qui, pour être difficile à analyser et à définir, n'en doit pas moins être rendu sensible. Schumann la comparait poétiquement à un de ces grands phénomènes de la nature qui nous remplissent de terreur et d'admiration. Il existe autour d'elle toute une littérature. Philosophes et poètes se sont ingéniés à expliquer le sens mystérieux de cette saisissante composition qui s'impose également à toutes les catégories d'auditeurs. Beethoven lui-même, du reste, semble avoir voulu provoquer le commentaire ; suivant son biographe Schindler, il aurait dit en parlant du thème initial : « Ainsi le Destin frappe à notre porte. » L'authenticité du mot a été contestée ; on a même prouvé plus ou moins définitivement que ce thème fatidique était tout uniment la notation d'un chant d'oiseau que Beethoven avait entendu dans une de ses promenades aux environs de Vienne et qu'il avait recueilli sans autre arrière-pensée que d'en tirer parti un jour ou l'autre.

Quoi qu'il en soit, l'idée du Destin et de la lutte avec lui correspond si bien au caractère impérieux de cette symphonie qu'elle en demeurera selon toute apparence inséparable à tout jamais.

Que Beethoven, au moment de la conception et de l'élaboration, ait été dominé par cette idée ou qu'elle n'ait eu directement et spécialement aucune influence sur le développement musical de l'œuvre ; qu'il ait voulu de propos délibéré exprimer certains sentiments sur ce thème philosophique ou qu'il se soit complu dans des rythmes énergiques et des harmonies systématiquement dissonantes simplement parce que ces rythmes et ces harmonies répondaient mieux à son tempérament vigoureux, violent même, ennemi surtout de toute fadeur et de toute affectation ; c'est une question que je ne me charge pas d'élucider t qui ne sera vraisemblablement jamais tranchée.

Il est certain que les commentateurs de la symphonie en *ut mineur* ont poussé quelquefois les choses à l'extrême. Ces gens ont une manie dangereuse, c'est de vouloir être toujours plus profonds que leur auteur. Ainsi Louis Nohl, dans sa biographie de Beethoven, éprouve le besoin de poursuivre jusqu'au bout l'application de l'idée du Destin dans la symphonie. Le premier thème c'est la *Volonté* qui s'affirme contre le Destin. La lutte s'engage ensuite, finalement la Volonté triomphe et donne à l'homme la Liberté. Le finale est l'hymne à la Liberté.

Dans un travail plus récent[1], cet ingénieux parallèle est poursuivi page par page, presque mesure par mesure, et l'on vous démontre copieusement que des rythmes et des harmonies dont le sens musical est tout naturel et très simple, ont été inspirés à Beethoven par des vues extraordinaires sur l'humanité et sa triste destinée.

Il est prudent de ne pas attacher aux élucubrations de ce genre plus d'importance qu'elles ne méritent.

En composant la symphonie en *ut mineur,* Beethoven, soyez en sûr, aura songé tout d'abord à écrire une belle œuvre, forte, originale, expressive surtout ; seulement comme il avait l'esprit naturellement porté à la rêverie philosophique, il se marque quelque chose de ses hautes aspirations dans ses chants et ses idées musicales. Comme l'a dit Victor Hugo :

> Si vous avez en vous, vivantes et pressées,
> Un monde intérieur d'images, de pensées,
> De sentiments, d'amour, d'ardente passion,
> Pour féconder ce monde, échangez-le sans cesse
> Avec l'autre univers visible, qui vous presse !
> Mêlez toute votre âme à la création…

Beethoven, justement, a beaucoup mêlé toute son âme à la création et c'est ce qui le fait si grand, si émouvant et si *varié.*

C'est lui-même qu'il nous dévoile dans ses admirables poèmes symphoniques, ce sont ses douleurs secrètes qu'il chante, ses colères concentrées, ses rêveries pleines d'un accablement si triste, ses visions nocturnes, ses élans d'enthousiasme, ses désespérances ; et cela est autrement attrayant que les spéculations plus ou moins philosophiques qu'on lui prête.

Il est du reste assez compréhensible, qu'en raison du monde de sensations qu'elle évoque en chacun de nous, cette symphonie ait plus qu'une autre tenté l'interprétation littéraire. Ce qui l'est moins c'est qu'en dépit du caractère si nette expressif de ses rythmes et de ses thèmes, elle ait fait dans le passé et fasse encore dans le présent l'objet d'interprétations si dissemblables.

C'est ainsi que le thème si caractéristique du début d'où dépend l'allure de tout le premier mouvement, – *allegro con brio,* – a été et est encore très diversement compris.

Suivant la tradition la plus répandue, sinon la plus authentique, – rattachée précisément à l'idée du Destin, – Beethoven voulait ce début très large, presque solennel. D'illustres musiciens ont cependant compris ce début tout autrement. Ainsi Mendelssohn, d'après les souvenirs de ceux qui l'ont connu dans sa période directoriale à Leipzig, prenait le début dans un mouvement assez rapide, conformément à l'indication initiale : *allegro con brio.*

Jules Rietz, qui fut un des plus remarquables chefs d'orchestre de l'Allemagne il y a quelque trente ans, donnait au contraire une grande importance aux trois premières croches et prolongeait extraordinairement le point d'orgue.

Schumann, lui, était à ce point préoccupé du caractére à donner à ce dessin, qu'il interrogea un jour les tables tournantes sur le mouvement qu'il convenait de lui donner.

Cela se passait vers 1853, à l'époque où les tables tournantes et le spiritisme faisaient fureur dans toute l'Europe.

Une lettre à son ami Ferdinand Hiller, alors à Paris, raconte naïvement cette importante consultation des esprits :

« Hier nous avons fait tourner les tables ! Quelle puissance merveilleuse ! Pense donc ! j'ai demandé à la table le rythme des deux premières mesures de la symphonie en *ut mineur*. La table a hésité longtemps, enfin elle frappa :

$$| \text{\textsl{\char92}} \, \flat\flat\flat | \; o \; |$$

d'abord très lentement. Je lui fis alors remarquer que le mouvement était plus rapide, sur quoi elle le marqua une seconde fois plus vite, dans le mouvement exact. »

Pauvre Schumann ! Qu'avait-il besoin de l'indication des esprits, puisqu'il la rectifiait aussitôt après, suivant ce qu'il avait entendu à Leipzig sous la direction de Mendelssohn ?

J'ignore quel était le mouvement d'Habeneck, mais il est à croire qu'il accentuait fortement le rythme du dessin dans un mouvement relativement rapide si l'on s'en rapporte à l'exécution actuelle de la symphonie au Conservatoire de Paris où la tradition d'Habeneck s'est, dit-on, fidèlement conservée.

L'allure des autres parties dépendant beaucoup de celle du premier morceau, toute la symphonie est aujourd'hui encore exécutée à Paris avec plus de vivacité et d'éclat que de vigueur et de force d'expression.

En cette matière, il est d'ailleurs très difficile de dire le mot définitif. L'*expression* importe-t-elle plus que l'*animation* du tableau ? On peut discuter à perte de vue là-dessus, sans profit aucun. Ce qui paraît expressif à un public français facilement impressionnable, laisse froid un public belge, allemand ou anglais dont la sensitivité est moins subtile ; et réciproquement, ce qui passe pour fort et vigoureux auprès des publics du Nord, donne souvent l'impression de lourdeur à ceux du Midi.

Nous touchons ici à la question de nationalité dans l'art, beaucoup plus importante qu'il ne semble au regard du sujet spécial qui m'occupe, je veux parler de l'exécution orchestrale. Indépendamment des particularités de forme, des prédilections rythmiques et harmoniques propres à chaque peuple et qui résultent du tempérament, de la race, des traditions particulières de chacun d'eux, la nationalité s'accuse encore spécialement, dans l'interprétation de la pensée écrite, par un accent particulier d'où dépend en grande partie le caractère de celle-ci.

Comparez entre eux deux recueils de mélodies populaires françaises et allemandes, vous serez frappé tout d'abord par les formules rythmiques et mélodiques qui reparaissent incessamment de part et d'autre et forment en quelque sorte le *type* de la mélodie propre aux deux pays. Nous avons là la caractéristique fondamentale de la nationalité en musique.

Ce n'est pas tout : passons à l'exécution. Faites dire alternativement par un chanteur français et par un allemand la même mélodie, soit française, soit allemande ; vous serez surpris, au delà de toute attente, des différences qui se manifesteront non seulement dans l'expression donnée au même chant par ces deux interprètes, mais encore dans la façon de le rythmer et de le phraser. Le contraste devient plus sensible à mesure qu'on s'éloigne des formes usuelles de la musique du centre de l'Europe ; en passant, par exemple, à la musique hongroise, russe ou espagnole. Là, les types mélodiques et harmoniques sont généralement très caractérisés ; ils sont peut nombreux, il est vrai, et assez uniformes, seulement ils acquièrent une variété et une couleur souvent extraordinaire par la façon particulière aux nationaux de les exécuter. Qui ne les a pas entendus par des artistes du pays ne peut soupçonner vraiment toute leur richesse.

Ceci est vrai non seulement pour la musique populaire ; cela s'applique également aux œuvres de style. L'andante de Beethoven ne se conçoit pas en dehors de la mélodie allemande, naïve et simple. La symphonie de Haydn est inséparable des chansons bon enfant et des danses populaires du pays viennois. Jouez Haydn sans le rythmer fortement, il perd toute couleur et tout nerf ; interprétez Beethoven avec trop de recherche, il s'affadit, il perd toute grandeur.

L'essentiel est donc, dans l'interprétation instrumentale, de saisir et de rendre l'accent de la musique qu'on joue. Il y a vingt ans, personne n'entendant Schumann en France. On le déclarait inintelligible ; pièces de piano, mélodies, symphonies ou quatuors, tout paraissait, chez ce maître, également obscur. La raison : on accentuait mal sa musique. Il suffisait d'un thème ou d'un dessin exposé sans l'expression juste pour enlever sa couleur à l'ensemble de la composition qui restait ainsi lettre close pour l'auditoire. Le même phénomène se produit actuellement pour Wagner, dont les thèmes, généralement, ne sont pas dits comme il faudrait qu'ils le fussent. Il en résulte qu'à l'audition ces thèmes paraissent ne pas s'enchaîner ; la juxtaposition de plusieurs motifs produit l'effet d'un inextricable tissu de dessins mélodiques qui se contrarient.

Ce n'est qu'à la longue, par l'étude plus attentive des partitions, par la connaissance plus intime de l'esprit particulier et des types mélodiques et harmoniques de chacune d'elles, et aussi par l'audition de ces œuvres dans les théâtres et par les orchestres qui ont reçu directement les indications de l'auteur, que nos chefs d'orchestre se mettront au fait des nuances d'expression et de rythme sans lesquelles les plus belles mélodies demeurent une succession de sons dénués de signification, d'esprit et de mouvement.

1. ↑ *Le Van Beethoven,* par W.-J. de Wasiclewski Berlin. Brachvogel et Ranft, Berlin 1888.

II

Sur ce sujet intéressant, le maëstro flamand Peter Benoit, qui a rompu plus d'une lance en faveur du nationalisme dans l'art, a énoncé des vues très justes et qui méritent d'être méditées. J'ai sous les yeux trois lettres de lui, extrêmement curieuses, où il expose toute une théorie sur le rôle de la nationalité dans l'interprétation à propos précisément de la symphonie en *ut mineur*[1].

M. P. Benoit estime qu'avant toute choses le chef d'orchestre doit se préoccuper de l'origine de l'auteur dont il a à diriger une œuvre ; le chef d'orchestre se renseignera, non seulement sur le caractère particulier de l'homme mais sur son éducation, sur le milieu dans lequel il s'est développé, et s'il s'est éloigné ou non des types et des formes propres à la caractéristique de la race à laquelle il appartient. Un compositeur allemand, par exemple, qui emprunte des formes italiennes, devra-t-il être interprété à l'italienne ou à l'allemande. La question a son importance. Elle ne peut être tranchée d'une façon générale. Il s'agira avant tout de savoir quelle est dans l'œuvre à diriger l'élément qui domine, de l'éclectisme ou de la race.

Le second élément dont M. Benoit veut que le chef d'orchestre se préoccupe est la personnalité et la pensée générale de l'artiste telle qu'elle se reflète dans l'ensemble de ses créations. Après cela, il s'agira de dégager l'idée propre à chaque œuvre. Il faut donc aller de l'homme à l'œuvre et de l'œuvre à l'homme.

À ce point de vue, on ne pourra oublier la situation particulière de l'artiste au regard des aspirations de l'époque où il a vécu, s'il est allé au delà ou s'il est resté en deçà. Ceci est important. Richard Wagner, dans sa brochure sur *l'Art de diriger*[2], à laquelle j'aurai à revenir ultérieurement, raconte qu'à Prague il avait entendu Dionys Weber[3] déclarer que la *Symphonie héroïque* était une monstruosité. « Et cet homme, dit-il, avait raison à son point de vue ; il ne connaissait et ne comprenait que le mouvement d'*allegro* de Mozart, et il faisait exécuter par les élèves de son Conservatoire tous les allegros de la symphonie héroïque comme s'ils étaient des allegros de Mozart. » De la sorte, la symphonie devait être, en effet, une chose dénuée de sens. C'est que Dionys Weber, comme la plupart des maîtres de chapelle de son époque, – et Beethoven s'en plaignit maintes fois avec amertume, – était absolument incapable d'embrasser complètement la pensée du maître, de comprendre tout ce qu'il avait entendu exprimer dans ses œuvres, lui, dont le profond génie reflétait et synthétisait en quelque sorte tout le mouvement intellectuel politique et social de son temps. Les grands poèmes symphoniques de Beethoven étaient incontestablement en avance, et de beaucoup, non seulement au point de vue de la forme musicale, mais aussi au regard de leur contenu poétique et philosophique, sur l'idée que les contemporains pouvaient avoir d'une composition musicale. Mieux au fait de ses intentions et de ses rêves, le chf d'orchestre moderne a pu ainsi apporter à l'interprétation de ses œuvres plus de profondeur, de relief, de couleur qu'on n'y mettait du vivant même de Beethoven, alors que les esprits n'étaient pas suffisamment préparés à cet art élevé. La postérité apprécie souvent le génie mieux que les contemporains. Cela est vrai surtout pour les génies véritablement novateurs ; ils ne sont généralement compris que très imparfaitement de leur vivant. Wagner en est le dernier exemple.

Tout cela, en somme, aboutit à la condamnation en ce qui concerne l'exécution orchestrale des prétendues traditions classiques. Elles sont rarement intelligentes. Sur ce point, M. P. Benoit est absolument d'accord avec Wagner. Pour Beethoven, par exemple, il y a une trentaine d'années, les traditions se composaient encore d'un ensemble de lieux communs imposés d'école à école par des musiciens partis de l'esthétique de Haydn et de Mozart, dont les conceptions symphoniques restent bien en deçà de l'élément passionnel et psychologique qui est dans Beethoven.

Il y a don une initiation à subir, des études littéraires à faire. Aussi rien n'est plus plaisant que de voir s'improviser chefs d'orchestre des musiciens qui s'imaginent naïvement qu'il suffit de battre plus ou moins correctement la mesure, d'observer fidèlement les nuances de *piano* et de *forté* notées dans les partitions pour accomplir leur tâche. Cette tâche, ingrate souvent, mais éminemment artistique quand elle est bien comprise, exige au contraire une éducation musicale et esthétique complète. Le maître de chapelle devrait être partout, non seulement le meilleur musicien de son orchestre, mais encore le cerveau le plus artiste. M. Benoit pense avec raison que les aspirants chefs d'orchestre, plus encore que les jeunes compositeurs, devraient beaucoup voyager, surtout à l'étranger, puisque c'est encore le moyen le plus simple de se mettre au fait des particularité musicales de chaque pays, de recueillir des données précises et exactes sur l'accentuation de la mélodie populaire, sur le caractère rythmique des danses nationales ; en un mot, de saisir sur le vif la forme primesautière de l'art de chaque peuple, laquelle se retrouve toujours plus ou moins nettement exprimée dans les compositions écrites.

Pour tout artiste intelligent, il y a d'ailleurs un intérêt constant et un haut enseignement dans la comparaison des manifestations et des expressions d'art des Différents pays. Tout ce qu'on pourra lire là dessus ne vaudra jamais la leçon pratique des choses.

Sur ce point, nous avons laver former et précieux du plus grand artiste de ce siècle, Richard Wagner. Dans sa brochure *Sur l'Art de diriger*, dont la partie polémisante a perdu quelque peu de son intérêt, mais qui est restée d'une actualité frappante pour tout le reste, Wagner reconnaît franchement que les plus précieuses indications au sujet du mouvement et de l'interprétation de la musique de Beethoven, il les avait reçues du chant plein d'âme et d'accent de la grande cantatrice Schrœder-Devrient, et plus encore de l'audition de la neuvième symphonie au Conservatoire de Paris sous la direction de Habeneck. Ce qu'il dit a ce sujet vaut la peine d'être cité.

1. ↑ Ces lettres sont adressées à M. Charles Tardieu, à propos d'un article que celui-ci avait publié dans l'*Indépendance belge*. En 1881, M. Peter Benoit était venu diriger un Concert populaire à Bruxelles et il avait fait entendre notamment la symphonie en *ut mineur*. Son interprétation fut l'objet d'appréciations diverses ; mais personne ne se plaignit qu'elle eût été vulgaire ou banale. C'est à propos des observations formulées relativement à sa manière de comprendre la symphonie qu'il adressa à M. Tardieu les lettres auxquelles je fais allusion.
2. ↑ *Ueber Das Dirigiren,* paru d'abord en brochure chez C.-F. Kahnt, à Leipzig, reproduit dans les *Gesammelte Schriften und Dichtungen*, tome VIII, 325-399.
3. ↑ Dionys Weber, ancien directeur du Conservatoire de Prague, chef d'orchestre réputé de son temps.

III

Wagner raconte comment, dans sa jeunesse, assistant aux concerts déjà célèbres alors du *Gewandhaus*[1] à Leipzig, il éprouva fréquemment une profonde désillusion en écoutant, à l'orchestre, des ouvrages classiques qui, à la lecture au piano ou sur partition, l'avaient profondément ému. Puis il ajoute :

> La vérité est que ces ouvrages n'étaient pas du tout dirigés au Gewandhaus ; sous la conduite du *concertmeister* (Ier violon) Matthæi, on les jouait comme au théâtre l'orchestre râcle l'ouverture et les entr'actes dans les pièces à spectacle... Comme on exécutait régulièrement, chaque hiver, toute la série des œuvres classiques, qui n'offrent pas d'ailleurs de bien grandes difficultés techniques, elles avaient fini par marcher avec beaucoup de précision et de franchise ; on sentait que l'orchestre les connaissait bien et qu'il éprouvait un véritable plaisir à rejouer chaque année ces pièces qu'il affectionnait.
>
> Seulement, quand on en vint à la neuvième symphonie, les choses n'allèrent plus aussi facilement ; toutefois, on s'était fait un point d'honneur de la jouer régulièrement chaque année, et on la jouait. – J'avais copié de ma main toute la partition et j'en avais fait un arrangement à quatre mains. À ma grande surprise, chaque fois que je l'entendis au *Gewandhaus*, l'exécution me laissa les impressions les plus confuses, et j'en fus découragé à ce point, que pendant quelques temps je renonçai complètement à l'étude de Beethoven, tant mon

esprit avait été troublé à son égard. Ce n'est qu'en 1839, après avoir entendu cette suspecte neuvième symphonie par l'orchestre du Conservatoire de Paris que les écailles me tombèrent des yeux ; je compris alors combien importait l'interprétation, et je me rendis compte tout de suite de ce qui avait conduit à l'heureuse solution du problème. L'orchestre (de Paris) avait su mettre en relief, dans chaque mesure ; *la mélodie* de Beethoven que mes braves compatriotes de Leipzig avaient complètement perdue de vue, et cette "mélodie, *l'orchestre* la chantait. »

Wagner, pour expliquer comment l'orchestre d'Habeneck arriva à *chanter* la neuvième symphonie de Beethoven ajoute un peu plus loin :

Le musicien français est en un sens très heureusement influencé par l'école italienne à laquelle il appartient en réalité ; la musique pour lui ne se comprend que par le chant. Jouer bien d'un instrument, cela veut dire pour lui : bien chanter sur cet instrument.

C'est ainsi, conclut-il, que l'orchestre d'Habeneck fut le premier qui eût dégagé le *melos* de la symphonie.

En résumé, aux yeux de Wagner, c'est là l'essentiel : dégager le *melos*.

La compréhension exacte de la mélodie peut seule donner le sens exact du mouvement ; l'un est inséparable de l'autre, la mélodie détermine le mouvement.

On ne saurait mieux dire. Seulement nous tournons ici dans un cercle vicieux. Toute mélodie doit avoir un caractère et ce caractère ne dépend pas seulement du dessin de la mélodie et du mouvement qu'on lui donne ; un troisième élément sert à le déterminer, c'est l'*accent* donné à ce dessin et à ce mouvement.

L'accent est en réalité l'âme de la musique. Une mélodie peut être chantée correctement et dans le mouvement exact sans être pour cela véritablement interprétée selon l'esprit, le sens profond qu'y a mis l'auteur ; il y faut encore l'accent, c'est-à-dire l'expression juste du sentiment dont elle est le revêtement. Sans *accent*, la musique est un bruit monotone, qui n'a pas de sens déterminé. Cet élément est si important que, sans en modifier le *mouvement*, le même dessin mélodique peut changer de *caractère* selon la façon de l'accentuer. Il n'est pas un chanteur qui ne puisse en faire à tout moment l'expérience.

Il importe donc non seulement que le chef d'orchestre indique le mouvement juste mais encore que les exécutants accentuent bien, c'est-à-dire qu'ils *disent* chaque phrase, selon le sens et le caractère qui lui appartiennent dans la composition.

Bien que dans son opuscule *Sur l'Art de diriger,* Wagner n'appelle l'attention que sur le *melos* et le mouvement, il cite cependant quelques exemples frappants qui démontrent l'importance de l'accent.

Il avoue ainsi que c'est écoutant le chant passionné et sûrement accentué de Schrœder-Devrient[2] qu'il eut l'intuition de l'interprétation à donner aux œuvres de Beethoven. Il signale à ce propos la cadence si émouvante du hautbois dans la deuxième partie de l'allegro de la symphonie en *ut mineur* que toujours il avait entendue exécuter

sans aucune expression. Essayez de la chanter, en tenant longuement le *sol* aigu surmonté du point d'orgue, en ayant bien soin d'observer la liaison sur toute la phrase, le *decrescendo* indiqué et le point d'orgue final ; elle acquiert aussitôt une tristesse émouvante que l'exécution instrumentale arrive bien rarement à réaliser. Il est clair, cependant, que c'est bien ainsi que Beethoven a dû la *chanter* en lui-même et que cette cadence entre deux points d'orgue est destinée à marquer une suspension, un arrêt dans le développement de son allegro, quelque chose comme un soupir, un regret, une aspiration douloureuse venant interrompre le flot tumultueux des pensées énergiques qui l'obsèdent. Combien de chefs-d'orchestre se doutent seulement de l'importance esthétique de ce détail !

Plus instructives encore sont les observations que Wagner formule à propos de l'interprétation de l'ouverture de *Freyschütz* qu'il dirigea un jour à Vienne, en 1864. Tout ce passage est à citer, car il peut encore servir de guide aux chefs d'orchestre qui ne massacrent que trop souvent, sans le vouloir évidemment, cet admirable poème symphonique.

À la répétition, raconte Wagner, l'orchestre de l'Opéra impérial de Vienne, sans conteste l'un des meilleurs du monde, se montra très déconcerté par mes exigences sous le rapport de l'interprétation. Dès le début, je dus me convaincre que l'*adagio* initial avait été pris jusqu'alors comme un *andante* facile et tranquille. Et ce n'était point là une tradition purement viennoise ; déjà à Dresde, dans la ville même où Weber avait dirigé son œuvre, je l'avais rencontrée auparavant. Lorsque dis-huit ans après la mort du maître, dirigeant pour la première fois le *Freyschütz* à Dresde même, sans tenir aucun compte des habitudes contractées par l'orchestre sous mon ancien collègue Reissiger, je pris le mouvement de l'introduction selon mon sentiment personnel, un vétéran du temps de Weber, le vieux violoncelliste Dotzauer se tourna vers moi et me dit avec gravité : « C'est ainsi que Weber le prenait ; voici la première fois que je l'entends de nouveau exactement. » La veuve de Weber, qui vivait encore à Dresde, me confirma également dans la justesse de mon sentiment en ce qui concernait l'exécution de la musique de son mari…

Ces précieux témoignages m'enhardirent à pousser à fond la réforme de l'interprétation de l'ouverture du *Freyschütz* lors de ce concert à Vienne. Je fis étudier complètement à nouveau cette œuvre connue jusqu'à la satiété. Sous l'impulsion délicatement artistique de Lewi, les cors modifièrent du tout au tout, sans se rebuter, le mode d'attaque employé jusqu'alors dans la tendre fantaisie champêtre du début dont on avait fait un morceau à effet, d'un éclat triomphant ; conformément aux indications de la partition, il s'ingénièrent à mettre dans leur chant le charme vaporeux voulu par l'auteur sur le doux accompagnement (pianissimo) des instruments à cordes ; une fois seulement, selon les prescriptions de l'auteur, ils enflèrent le son jusqu'au *mezzo-forte* pour le laisser se perdre ensuite comme doucement fondu, sans le *sforzando* traditionnel, sur ce dessin

qu'il suffit de délicatement accentuer. Les violoncelles aussi atténuèrent la véhémence habituelle de leur attaque du

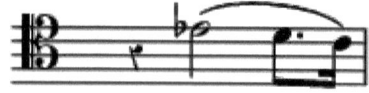

sur le tremolo des violons, de manière à en faire une sorte de léger soupir, ce qui donne à la gradation qui suit sur le *fortissimo* sa signification effroyablement désespérée. Après avoir ainsi rendu à l'adagio initial toute sa gravité mystérieuse et frissonnante, je laissai son cours passionné au mouvement sauvage de l'*allegro*, sans égard pour l'interprétation plus tendre qu'exige le doux deuxième thème principal, certain que j'étais de pouvoir *modérer de nouveau le mouvement au moment opportun*, afin d'arriver insensiblement à celui qu'exige ce thème… Le chant longuement soutenu de la clarinette emprunté à l'adagio :

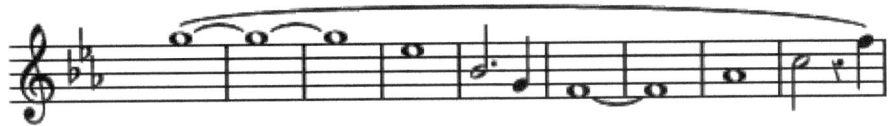

me permit de passer insensiblement de l'animation extrême du premier mouvement à un mouvement plus retenu, à partir de l'endroit où tous les dessins figurés se résolvent en sons soutenus (ou tremblés) : de la sorte, malgré le dessin intermédiaire de nouveau plus agité,

on arrivait à la cantilène en *mi bémol majeur*, si bien préparée ainsi, par les nuances les plus délicates du mouvement principal toujours maintenu.

Ensuite j'exigeai que ce thème

fût joué uniformément *piano*, – donc sans la vulgaire accentuation qu'on donne habituellement à la marche ascendante de la figure, – et qu'on observât à l'exécution la liaison marquée ; il ne faut donc pas jouer ce passage ainsi :

Il me fallut, il est vrai, convenir de tout cela avec les musiciens, excellents d'ailleurs, de l'orchestre viennois ; mais le succès de cette interprétation fut si frappant qu'ensuite, pour ranimer de nouveau le mouvement à ce trait pulsatif

il me suffit d'une légère indication pour retrouver à la rentrée de la nuance la plus énergique du mouvement principal, au *fortissimo* suivant, tout l'orchestre plein du zèle le plus intelligent.

Il ne fut pas aussi facile de faire valoir, dans toute son importance pour l'interprétation, et sans ébranler le sentiment juste du mouvement principal, le retour plus serré du contraste entre les deux motifs si fortement opposés ; ce contraste se concentre en des périodes de plus en plus courtes jusqu'à la tension extrême de l'énergie la plus désespérée de l'allegro proprement dit, à son point culminant :

C'est à ce passage précisément que la modification toujours activement rationnelle du mouvement produisit les plus heureux effets.

Les musiciens de l'orchestre se sentirent encore une fois très surpris dans leurs habitudes lorsqu'après les accords en *ut majeur*, magnifiquement soutenus et les pauses générales qui les encadrent d'une façon si suggestive, je pris de nouveau la rentrée du deuxième thème, devenu maintenant un chant triomphal, non pas dans le mouvement violemment animé du premier allegro, mais dans la nuance plus modérée de ce mouvement.

C'est une habitude, en effet, dans nos exécutions orchestrales, d'accélérer le thème principal à la fin du morceau ; il ne manque plus que les claquements du fouet pour se croire au cirque. Souvent, il est vrai, les compositeurs ont voulu cette accélération du mouvement à la fin de leurs ouvertures ; et elle est très rationnelle lorsque le thème d'allegro principal occupe le premier plan et célèbre en quelque sorte son apothéose ; la grande ouverture de *Léonore*, de Beethoven, en offre un exemple célèbre.

Il arrive, toutefois, généralement, que l'effet de la rentrée de l'allegro renforcé se trouve complètement détruit parce que le chef d'orchestre n'a pas su modifier le mouvement principal (c'est-à-dire, le retenir à temps), selon les exigences des diverses combinaisons thématiques ; le mouvement est déjà arrivé à une rapidité telle qu'il exclut toute gradation nouvelle, à moins d'exiger des archets qu'ils se livrent à un assaut de virtuosité exagérée. J'ai l'orchestre de Vienne accomplir un pareil tour de force. J'en fus plus étonné que ravi. Il n'y a d'autre raison à ces excentricités que la faute grave commise tout d'abord en accélérant outre mesure le mouvement dès le début. Aucune œuvre d'art ne devrait être exposée à de pareilles expériences, si l'on entend en donner une interprétation véritable.

Comment se fait-il, se demande finalement Wagner, que la conclusion de l'ouverture du *Freyschütz* soit expédiée de la sorte ? La chose ne peut s'expliquer pour lui que par l'habitude invétérée d'exécuter sans façon, au grand trot de l'*allegro* principal, cette deuxième cantilène devenue ici un chant de triomphe ; et il proteste avec autant d'énergie que de raison contre ce travestissement atrocement vulgaire d'un motif plein des élans de reconnaissance les plus passionnés d'un cœur de jeune fille religieusement épris.

Il raconte qu'à Vienne, l'impression produite par sa façon de la diriger fut si vive que les musiciens eux-mêmes avouèrent n'avoir pas connu l'ouverture auparavant, sans parvenir d'ailleurs à s'expliquer par quel procédé Wagner était arrivé à de si beaux résultats. Ce procédé ajoute-t-il, est très simple : c'est la modération du mouvement :

À la quatrième mesure de cette fougueuse et brillante entrée :

je donnais au signe >, qui dans la partition paraît au premier abord un accent vide de sens, la signification voulue par le compositeur, à savoir celle d'un *diminuendo*, > et j'obtenais ainsi une interprétation moins intense, une inflexion plus douce du dessin thématique principal

etc.

que je pouvais ensuite laisser se gonfler tout naturellement

jusqu'à la réapparition du *fortissimo*. Ainsi tout le motif tendre, préparé convenablement acquérait une expression passionnée et entrainante.

Autre exemple : Wagner raconte qu'à Munich il entendit un jour une exécution de l'ouverture d'*Egmont* de Beethoven qui ne fut pas moins instructive pour lui que ne l'avait été auparavant l'ouverture du *Freyschütz*.

Dans l'*allegro* de cette ouverture, le *sostenuto* redoutable et pesant de l'introduction :

est repris en durée brèves comme première partie du deuxième thème ; un contre motif doucement reposé y répond :

À Munich, comme partout et d'accord avec la tradition *classique*, ce motif où s'opposent d'une façon si nette une terreur grave et un sentiment de bien être, était emporté comme une feuille morte dans le tourbillon d'un allegro continu ; pour ceux qui étaient assez heureux pour l'entendre, le motif avait ainsi l'air d'un pas de danse où, sur les deux premières mesures, le couple semblait prendre son élan, pour tourner ensuite sur les deux mesures suivantes comme dans un *lændler* (valse lente).

Quand Bulow eut un jour à diriger cette musique en l'absence du vieux chef tant fêté (Franz Lachner), je l'engageai à rendre exactement ce passage qui agit d'une manière frappante dans le sens voulu par le compositeur, si laconique en cet endroit, lorsque le mouvement jusque-là d'une animation passionnée, est modifié ne fût-ce qu'imperceptiblement, par une plus stricte observation de la mesure, de manière à donner à l'orchestre le temps moral d'accentuer cette combinaison thématique où l'on passe rapidement de la plus grande énergie à un sentiment de bien-être[3]. Comme, vers la fin du 3/4 cette même combinaison est traitée d'une façon plus large et acquiert une importance décisive, l'observation de cette nuance est indispensable et peut seule donner à toute l'ouverture un sens nouveau et le seul vrai. »

On voit avec quel souci du détail, un maître tel que Wagner examinait les moindres nuances des œuvres qu'il avait à diriger. Et en effet, l'on ne saurait assez y insister : de ces nuances dépend toute la diction musicale, qu'il s'agisse du chant proprement dit ou de musique instrumentale.

Les accents juste et l'accent juste ; tout est là.

À cet égard la musique a des lois aussi nécessaires que le langage. Dans celui-ci, le caractère, la force expressive d'une phrase dépend de l'accentuation alternativement renforcée ou atténuée des syllabes et des mots, selon la logique de l'idée ou du sentiment exprimés. De même, dans la musique, les nuances infiniment subtiles dont l'exécutant peut entourer l'émission du son d'abord, et varier ensuite celle des différents groupes de sons successifs qui constituent la mélodie, sont par leur emploi logiquement alterné et gradué l'élément principal de l'expression musicale.

Indépendamment de ces flexions propres à chaque mélodie et qui dépendent à la fois de la personnalité de l'auteur, des procédés en usage à l'époque où il vécut, des particularités rythmiques de la musique nationale dont, inconsciemment, il subit l'influence, il y a encore, dans un sens plus large, des accents qui remplissent au regard de l'ensemble de la composition le même rôle que les accents proprement dits jouent dans l'expression de chaque mélodie prise séparément. C'est un point que M. Deldevez met fort judicieusement en lumière dans son traité de l'*Art du chef d'orchestre*, en commentant précisément les observations de Wagner sur cette matière :

À l'exécution, dit-il, les auteurs demandent quelquefois de *porter* certains passages, certaines parties *plus en dehors* que d'autres malgré l'indication générale qu'ils ont employée et l'exactitude apportée par les exécutants. Ce moyen tout naturel en soi et à l'aide duquel le relief pour ainsi dire est donné à chaque point important, est comme la pierre de touche à laquelle on soumet toute idée et qui en détermine la valeur.

Pour reconnaître les mélodies sur lesquelles doit porter cette flexion plus incisive de la diction, qui demandent à être mises en *relief*, l'étude attentive de la partition ne suffit pas toujours : dans la musique moderne surtout, – et j'y comprends tout Beethoven, le Beethoven dégagé de Mozart et de Haydn, – il faut encore la connaissance du sujet traité par le compositeur, qu'il s'agisse d'une donnée fantaisiste ou d'une donnée dramatique. Le passage de l'ouverture d'*Egmont* cité plus haut est absolument caractéristique à cet égard. L'opposition voulue par Beethoven, et si mal rendue le plus souvent malgré la précision de ses indications (*fortissimo et piano* successifs), trouve sa véritable explication dans les péripéties du drame de Gœthe : l'idylle amoureuse d'un côté, de l'autre les fureurs de la guerre civile.

Malheureusement la notation musicale ne connaît qu'un nombre de signes graphiques très insuffisant pour marquer d'une façon claire et précise les subtiles nuances qui sont la vie même de toute composition musicale ; encore ceux qu'elle possède donnent-ils lieu fréquemment aux interprétations les plus divergentes. On en arrive parfois à se demander avec Wagner s'il ne vaudrait pas mieux qu'il n'y eût pas du tout de signes d'accentuation ni d'indications de mouvement, comme au temps du vieux Bach. On n'employait alors que très peu d'indications, et très sommaires. Bach pensait sans doute que celui qui ne comprenait pas son thème et sa figuration, qui n'en sentait pas en lui-même le caractère et l'expression, n'y verrait pas plus clair en lisant en tête du morceau une indication de mouvement en italien. Alors, à quoi bon !

En réalité, ce devrait être la règle : toute mélodie porte en elle-même son caractère, ou le reçoit des combinaisons harmoniques et rythmiques au milieu desquelles elle se développe. Pour guider le véritable musicien, il ne faut en tête des partitions que les très sommaires désignations spécifiques et génériques : *allegro, adagio, presto*, etc.

Dans la pratique, malheureusement, cela ne suffirait pas. Il y a si peu de chefs d'orchestre qui aient vraiment l'âme musicale, qui possèdent le sens, l'intuition de la musique ! On est bien obligé de multiplier sans cesse les indications métonymiques, les accents, les nuances, pour éviter les plus absurdes méprises. Correctement observées, elles peuvent tout au moins servir quelquefois à mettre sur la voie de la vérité un maître de chapelle incapable de la saisir par lui-même. Aussi ne peut-on assez recommander aux compositeurs d'être dans leurs indications aussi précis que possible.

Quant aux chefs d'orchestre, s'ils veulent être dignes de leur charge, leur premier devoir est d'étudier avec soin, dans leurs moindres détails, les partitions qu'ils ont à diriger et parallèlement, non *subsidiairement,* de se mettre au fait de *l'esprit* de la composition par l'étude de ses origines personnelles et de son point de départ poétique. La conduite de l'orchestre est un art si difficile que ce n'est pas trop exiger de celui qui s'y consacre la conscience la plus attentive, un travail d'assimilation constant et opiniâtre, sans parler des connaissances musicales indispensables.

L'orchestre est, quoiqu'on pense, le plus délicat et le plus docile des instruments. Tout ce qu'un chef habile voudra faire exprimer à son orchestre, il pourra le lui faire exprimer, pourvu qu'il le veuille. S'il est souvent vrai de dire : « tant vaut l'orchestre, tant vaut le chef », la proposition contraire n'est pas moins certaine : « tant vaut le chef, tant vaut l'orchestre ». Il n'est pas d'exécution fondue et harmonieuse qu'on ne puisse obtenir d'un corps de musique composé d'artistes même de force moyenne. Le seul obstacle qui résiste à la meilleure volonté et aux efforts les plus persévérants, est la mauvaise qualité des instruments ; contre des bois ou des cuivres de sonorité discordante ou vulgaire, il n'y a de remède que la suppression radicale. Avec des violons et des violoncelles même ne jouant pas absolument juste, on peut toujours obtenir l'illusion de la justesse.

Quand donc un chef d'orchestre se débat impuissant et s'écrie qu'il ne peut rien tirer de ses musiciens, qu'il rencontre de la mauvaise volonté, etc., n'en croyez rien : c'est le plus souvent qu'il est lui-même incapable.

1. ↑ *Gewandhaus*, halle aux draps ; il y avait dans cet ancien hôtel de la corporation des drapiers une salle en ovale d'une sonorité exquise où se donnaient déjà des concerts du temps de Mozart et de Beethoven. Celui-ci s'y fit entendre comme pianiste au début du siècle. Plus tard, l'orchestre du Gewandhaus devint plus important. Sous la direction de Mendelssohn, en particulier, les concerts de la *Halle aux draps* furent célèbres et, à juste titre, dans toute l'Europe. Tous les grands artistes de ce temps, Berlioz, Liszt, Schumann, Paganini, Vieuxtemps, Ernst, Servais, Mme Schumann, Mme Pleyel, la Sonntag, Mme Schrœder, Jenny Lind, etc., etc., ont passé par cette salle. Une nouvelle salle qui porte la même dénomination, a été récemment construite, l'ancienne ne suffisant plus.
2. ↑ Dans une lettre à son ami Heine, de Dresde, Wagner, à propos d'un des concerts qu'il dirigea à Zurich, raconte qu'il eut affaire un jour à un hautboïste auquel il lui fut impossible de faire comprendre l'accent particulier qu'il désirait donner à une phrase d'une de ses œuvres. En désespoir de cause il se rendit chez une cantatrice du théâtre et la pria de chanter cette phrase devant l'instrumentiste, auquel il la fit répéter ensuite jusqu'à ce qu'il eût obtenu l'accentuation voulue.

    Il y aurait utilité quelquefois pour nos chefs d'orchestre d'user de ce moyen pratique. Il faut dire, cependant, que dans nos grandes villes les artistes d'orchestre sont généralement aujourd'hui, et grâce à l'enseignement des Conservatoires, des musiciens expérimentés et assez instruits pour comprendre sans qu'il soit besoin de les *seriner* comme ce hautboïste zurichois. Les rapports se sont plutôt renversés. Ce sont les chanteurs, maintenant, qui pourraient recevoir d'utiles indications des instrumentistes.

3. ↑ *L'Annuaire du Conservatoire royal de Bruxelles* a publié récemment une traduction complète de l'opuscule de Richard Wagner *Sur l'Art de diriger* (année 1888 et 1889). Je crois devoir relever une interprétation risquée, donnée à ce passage par le traducteur qui suit d'ailleurs avec une grande fidélité l'original, encore que la littéralité de sa traduction rende parfois très pénible la lecture du travail de Wagner. Il traduit ainsi le passage qu'on vient de lire : « *lorsque le mouvement* jusque-là d'une animation passionnée est modifié suffisamment par un ritenuto très tendu, bien qu'à peine indiqué, afin que l'orchestre *etc.* » Wagner ne parle pas de ritenuto. *Il emploie les* mots : *strafferes Anhalten*, littéralement : *maintien plus rigoureux*, plus strict, – qu'il oppose à leidenschaftlich erregtes Tempo, mouvement passionnément *animé*. J'avoue ne pas très bien comprendre ce qu'est un *ritenuto très tendu* ; et ce mot italien *ritenuto* qui a un sens déterminé dans la terminologie musicale me parait dangereux, car il pourrait faire croire que Wagner, pour le passage en question, recommande un *ralentissement*. J'ai le souvenir vague d'avoir entendu en effet quelque part l'ouverture d'*Egmont* avec un *ralentissement*, un *ritenuto* à l'endroit indiqué. Le chef d'orchestre avait probablement lu *l'Art de diriger* dans l'*Annuaire du Conservatoire* de Bruxelles. Wagner ne veut pas un *ralentissement* ; il veut une *opposition*, que qui est tout différent, et cette opposition le chef d'orchestre l'obtiendra, dit-il, en remplaçant le mouvement *passionnément animé* par le mouvement strictement *soutenu*. Il me semble que cela est très rationnel et très-clair.

IV

L'orchestre du Théâtre et des Concerts populaires de Bruxelles est par sa composition l'un des meilleurs que je connaisse. Les violons formés à la brillante école des Léonard et des Vieuxtemps ont une facilité d'archet et une chaleur de son qui leur est toute spéciale. Ses violoncelles, sortis tous de la grande école des Servais, sont absolument uniques par l'ampleur et la noblesse du son. M. Richter me disait après une répétition que, nulle part, il n'en avait rencontré de pareils, qu'un seul des violoncelles bruxellois lui donnait la sonorité de trois violoncelles allemands ou anglais. Enfin toutes les parties d'instruments à vent, le hautbois, la flûte, la clarinette, la trompette, le cor, le basson, etc., sont tenues par de véritables virtuoses, par des artistes qui ont fait leurs preuves comme solistes devant les publics les plus variés et les aristarques les plus difficiles.

En un mot, les éléments dont il se compose sont de premier ordre ; et cependant je lui ai souvent entendu faire le reproche de manquer de finesse, d'avoir la sonorité grosse, de n'être pas toujours souple, de ne pas marquer assez nettement les rythmes. Pour ma part sous quelque chef qu'il jouât, – maîtres français, allemands ou russes de passage à Bruxelles – jamais je n'ai trouvé en lui ce fondu, cet ensemble harmonieux, cette cohésion de sonorité si remarquable dans les bons orchestres de Paris et même dans les plus secondaires orchestres d'Allemagne. Seul Hans Richter a pu obtenir de lui cette qualité qui lui faisait défaut. C'est que, seul, je crois, il s'est rendu compte tout de suite de l'origine du mal.

« Messieurs, jouez *piano* », criait-il sans cesse aux exécutants, pendant les répétitions de son concert.

Et aussitôt après il ajoutait : « Quand il y a un *piano* de marqué, jouez *pianissimo* ; quand il y a un double *pp*, jouez de façon qu'on ne vous entende plus. »

J'attribue à cette recommandation incessamment répétée le surprenant résultat atteint, comme en se jouant, par M. Richter.

Les excellents musiciens de l'orchestre bruxellois sont, je crois, trop virtuoses ; et ils jouent comme tels, avec l'archet à la corde, en faisant vibrer constamment le son. Voilà le vice.

Quand plusieurs instrumentistes jouent ensemble, leur premier devoir est de ne plus songer à leur personnalité, de s'abstraire dans l'œuvre commune : et le premier principe à observer, c'est que *chacun atténue la sonorité de son instrument*. Là est le secret. Il est connu de tous les bons quartettistes. Quand on fait partie d'un ensemble, jouer *fort* est une hérésie : il faut jouer doux. Il y a là une loi physique facile à saisir. Les deux nuances extrêmes, le *pianissimo* et le *fortissimo*, sont absolues au regard de notre sensation. Le *pianissimo* est l'atténuation du son au dernier degré perceptible ; le *fortissimo* est l'amplification du son jusqu'à l'extrême limite de ce que peut supporter l'oreille. Représentons-nous mentalement le *pianissimo* exécuté par un seul violon ; or, voici cette nuance exigée d'un orchestre comprenant dix, quinze, vingt violonistes. Il est clair que pour se rapprocher le plus du pianissimo *idéal*, attendu et désiré par l'oreille, chacun des violonistes de l'orchestre devra atténuer dans une proportion très sensible ce qui représente déjà pour lui le maximum du *pianissimo* quand il joue en soliste.

Pour le *forte* la même proportionnalité doit se développer parallèlement. Si vous jouez avec une sonorité pleine tout le long du morceau, vous n'obtiendrez plus pour le *fortissimo* la véhémence et la plénitude de sonorité correspondantes à l'idée que nous nous formons de cette nuance. Il arrive alors, que dans l'effort suprême vers la plus grande sonorité possible les archets écrasent le son ; au lieu d'un grand son, ils n'arrivent à produire qu'un son forcé et l'ensemble devient rauque.

Pour que la gradation dans les deux sens, vers le *forte* comme vers le *piano*, conserve toute sa valeur, il faut donc que la nuance intermédiaire, le *mezzo forte*, la sonorité normale, si l'on veut, soit un peu *en dessous* de celle que donnerait chaque instrumentiste jouant un solo.

La grande difficulté, – et c'est un point sur lequel on ne saurait assez sérieusement appeler l'attention des chefs d'orchestre, – est de conserver une sonorité pleine et soutenue malgré cette atténuation de la sonorité de chaque instrument isolé.

Pour les cordes, le meilleur moyen pratique est l'unité du coup d'archet dans chaque groupe. Il devrait être absolument interdit aux seconds pupitres de violons d'employer par exemple le *poussé* quand le premier pupitre emploie le *tiré*. On n'imagine pas combien le son gagne en pureté, lorsqu'il n'y a qu'un coup d'archet identique dans tous les instruments à cordes ayant à exécuter le même trait ou la même mélodie. Or, plus un son est pur, plus il est intense.

Pour les instruments à vent, la difficulté de soutenir les sons doux est beaucoup plus grande. Seulement ici, l'exécution dépend de la virtuosité de l'instrumentiste qui est presque toujours seul à jouer une partie déterminée. C'est aux chefs d'orchestre à insister pour obtenir l'effet voulu, c'est-à-dire la *plénitude* et la *durée* du son dans la nuance donnée, *piano*, *mezzo forte* ou *forte*.

Richard Wagner touche fort à propos à cette importante question en parlant du thème initial de la symphonie en *ut* mineur.

Il appuie avec une insistance particulière sur la tenue du point d'orgue :

Nos chefs d'orchestre, dit-il, passent outre à ce point d'orgue, après un court arrêt ; le *mi bémol* est soutenu d'ordinaire comme un *forte* quelconque, juste le temps que dure un coup d'archet des instruments à cordes. Mais j'entends la voix de Beethoven leur crier du fond de la tombe : « Tenez mon point d'orgue, longuement et terriblement ! Je n'ai pas écrit des points d'orgue par plaisanterie ou par embarras, comme pour avoir le temps de réfléchir à ce qui suit. Ce que le son plein et entier fait, dans mon *adagio*, pour l'expression d'un sentiment exubérant, je l'introduis de même, quand j'en ai besoin, dans l'*allegro* à figuration violente et rapide, comme un spasme joyeux et terrible. Alors la vie du son doit être aspirée jusqu'à l'extinction ; alors j'arrête les vagues de mon océan et je laisse voir jusqu'au fond de ses abîmes ; ou je suspends le vol des nuages, je sépare les brouillards confus, je fais apparaître au regard le ciel pur et azuré, je laisse pénétrer jusque dans l'œil rayonnant du soleil. Voilà pourquoi je mets des points d'orgue, dans mon *allegro*, c'est-à-dire des notes qui apparaissent subitement et qu'il faut faire durer longtemps. Aussi respectez l'intention thématique très déterminée que j'ai mise dans ce *mi bémol* soutenu après trois croches orageuses et tenez compte de ce que je viens de dire pour tous les points d'orgue qui paraîtront dans la suite. »

Après avoir imaginé cette mordante apostrophe de Beethoven, Wagner continue ainsi :

Lorsque la première force du coup d'archet est épuisée, le son, si l'on exige une longue tenue, devient de plus en plus mince et finit par un timide *piano* car, et ici je touche à une néfaste habitude de nos orchestres, – rien ne leur est devenu plus étranger que la *tenue également forte* d'un son. Demandez à n'importe quel instrument de l'orchestre un *forte* soutenu, qui ait jusqu'au bout la même plénitude de son : vous verrez alors quelle surprise causera cette exigence inusitée et combien d'exercices opiniâtres seront nécessaires pour obtenir un résultat satisfaisant.

Et cependant le son soutenu *avec une force égale* est le fondement de toute nuance dans la chant comme à l'orchestre ; c'est uniquement en partant de là qu'on peut arriver aux modifications multiples dont la diversité détermine le caractère de l'interprétation. En l'absence de cette base, un orchestre fait beaucoup de bruit mais n'a pas de force.

Combien cette observation est vraie et que d'orchestres auxquels elle pourrait s'appliquer ! Elle conduit du reste Wagner à quelques remarques très judicieuses sur la façon généralement admise d'exécuter les deux nuances essentielles, le *piano* et le *forte*. Pas plus que le *forte soutenu*, dit-il, on n'obtient aisément d'un orchestre le *piano soutenu*.

Les flûtistes notamment ont changé la nature de leurs instruments autrefois si doux ; ils ne cherchent plus que des effets violents. On ne peut guère leur demander de soutenir délicatement un *piano*, si ce n'est peut-être aux hautboïstes français, parce qu'ils ne sortent jamais du caractère pastoral de leur instrument, ou aux clarinettistes qui peuvent réaliser l'effet d'*écho*... Mais le vice est surtout dans la nature du *piano* des instruments à archet : de même que nous n'avons pas de véritable *forte*, de même le véritable *piano* nous fait défaut, les deux nuances manquent *d'ampleur* dans la sonorité... Le son *doux* dont je parle ici et le son *fort et soutenu* sont les deux pôles de toute la dynamique orchestrale ; c'est entre eux que doit se mouvoir toute interprétation. Qu'advient-il si l'on ne cultive ni l'une ni l'autre de ces nuances ? Quelles peuvent être les modifications de l'interprétation si les termes extrêmes de l'exécution nuancée sont confondus ?

C'est en observant strictement ces précieuses recommandations de Wagner, qu'il a été possible à M. Richter de renouveler à Bruxelles pour la symphonie en *ut* mineur, l'impression constatée par Wagner après sa direction de l'ouverture de *Freyschütz*.

Ainsi, dès le début de la symphonie, bien connue cependant de tous les artistes de l'orchestre, il interrompit l'exécution, non seulement pour obtenir la tenue prolongée du point d'orgue, mais encore pour rectifier l'accentuation rythmique du dessin initial :

Sans s'en douter, par l'effet d'une habitude invétérée, l'orchestre précipitait les trois croches de manière à en faire presque des triolets, à peu près ainsi :

M. Richter n'eut qu'à insister pour obtenir le rythme exact, c'est-à-dire les trois croches accentuées d'une façon égale dans le rythme binaire indiqué, tout en faisant légèrement sentir le temps levé de la première croche.

Ce détail paraît insignifiant et bien peu de chefs d'orchestre y portent leur attention. C'est cependant de la stricte accentuation de ce rythme que dépend la clarté de tout le développement du thème. Lorsqu'après les deux longues tenues, le quatuor commence l'exposé de la première mélodie principale sur le même dessin rythmique, cette mélodie demeure inintelligible si les croches ne sont pas marquées avec une correction absolue.

L'orchestre bruxellois avait d'abord joué ce début selon la tradition généralement répandue et qui consiste à scinder, en un groupe, les trois brèves du dessin rythmique initial, ce qui donne à peu près l'effet suivant :

Les violonistes abrégeaient légèrement la valeur de la croche initiale de chaque groupe, comme par une sorte de respiration, au point d'en faire presqu'une double croche. C'est ainsi que cela s'entend partout.

M. Richter arrêta net l'orchestre : « Pas de trous, pas de discontinuité entre les différents groupes d'instruments dit-il. Reprenons, Messieurs ».

On reprit, et, cette fois *sans trous,* les violons et les altos qui se repassent en quelque sorte les fragments de la mélodie, jouant la phrase tout d'une haleine, de manière à obtenir l'effet suivant :

tout en maintenant, bien entendu, les tenues marquées dans chaque partie séparée.

Dès lors le *dessin mélodique,* le *melos,* se dégagea nettement du dessin thématique proprement dit ; et clairement l'on put percevoir ce chant :

C'est la première phrase d'une période dont le second membre, dépouillé de son rythme, se résume ainsi :

Ce qui prouve que l'intention de Beethoven était bien que l'on *entendit* ce chant, c'est qu'il le donne, aux instruments à vent, textuellement ainsi que je viens de le noter, lorsqu'à la fin de l'*allegro* il ramène en guise de conclusion les premières mesures de la symphonie. Le basson, la clarinette et le hautbois se partagent alors la phrase (20e mesure avant la fin de l'allegro) :

J'ai entendu cette symphonie bien souvent, à Bruxelles, à Paris, en Allemagne. J'avoue ne jamais avoir vu aussi nettement que sous la direction de M. Richter, ce chant qui est l'idée mère de tout le morceau.

Pendant toute la première partie de l'allegro, en effet, Beethoven maintient systématiquement le dessin rythmique en croches de son thème initial (60 mesures) ; puis tout à coup ces pulsations véhémentes s'interrompent et les violons avec les instruments à vent les plus doux exposent une seconde mélodie :

etc.

Par son caractère reposé et tendrement attristé, elle est l'antithèse du premier chant auquel ses intervalles mineurs superposés donnent un accent d'âpreté douloureuse très caractérisé.

Cette antithèse est tout l'allegro de la symphonie. Ces deux chants en sont les éléments essentiels ; Beethoven sans cesse les fait alterner et les oppose l'un à l'autre, en les variant ou en les combinant, il est vrai, avec d'autres idées accessoires, mais en les laissant toujours clairement reconnaissables à travers leurs diverses transformations. Il est donc nécessaire qu'on les perçoive nettement et, particulièrement, le premier dont Beethoven accentue l'énergie farouche par l'emploi systématique et persistant du rythme de son thème initial. Le deuxième chant si caressant ne peut avoir toute sa valeur d'opposition que si le premier est partout clairement exposé.

On comprendra maintenant l'insistance que M. Richter avait mise tout d'abord à obtenir l'accentuation égale des brèves du thème initial et ensuite l'exécution absolument correcte et précise des différentes entrées d'instruments. Il lui suffit de l'indication qu'il avait donnée au début : *pas de trous*, pour que d'un bout à l'autre de l'*allegro*, l'opposition des deux mélodies principales se dessinât avec un relief surprenant.

Il n'eut pas d'autres observations à formuler pour que l'exécution le satisfît complètement. Il recommanda seulement de bien observer la nuance *dolce* qui accompagne le deuxième chant, et demanda aux cordes de marquer nettement la rentrée du rythme initial chaque fois qu'il se représente ; par exemple à la mesure 42 après la première reprise. Le quatuor exécute un trait noté de la sorte dans les partitions :

En réalité, pour rendre plus sensible la rentrée du thème, il faudrait écrire ainsi :

Le *forte* indiqué ne doit se produire que sur le *fa dièze* des seconds violons, de telle manière qu'on perçoive nettement les trois brèves du thème. C'est évidemment par suite d'une erreur du copiste ou du graveur qu'elles ne sont pas distinctement marquées. Au moment où ce rythme si caractéristique reparaît dans les cordes, les instruments à vent ont des tenues ; il y a encore une fois ici une opposition voulue qui doit être rendue sensible. Les cordes devront donc bien marquer la rentrée, car c'est de ce rythme que résulte tout le développement qui suit, dans lequel il va dominer jusqu'au moment où l'orchestre des instruments à vent et l'ensemble des cordes, alternant de deux en deux mesures, arrivent à la merveilleuse progression qui aboutit à la rentrée du thème primitif dans tout l'orchestre.

La même observation doit être faite à propos de la vingt-cinquième mesure avant la fin. Les partitions portent partout, sauf dans la trompette et les timbales, cette notation fautive des deux mesures de transition :

C'est une nouvelle rentrée du thème. Il faut donc jouer comme si les parties portaient :

C'est-à-dire marquer par un léger accent les trois brèves caractéristiques du thème.

Je note encore l'accentuation forte du premier temps ainsi que de l'alternance des *liés* et des *détachés* demandées aux cordes à ce trait du violon :

etc.

Si les cordes n'exécutent pas vigoureusement les notes pointées, en les jouant non pas du bout de l'archet mais de l'archet tout entier, l'énergie de cette phrase de transition disparaît complètement. L'observation de l'accent rythmique est particulièrement importante lorsque ce trait reparaît pour la seconde fois scandé par les battements des timballes et des instruments à vent.

L'exécution de l'*andante* de la symphonie en *ut mineur* sous la direction de M. Richter, montra d'ailleurs combien il était facile d'obtenir des nuances délicates d'un orchestre composé de bons éléments. L'illustre chef n'eut guère qu'à donner çà et là quelques indications pour que les sons prolongés fussent soutenus jusqu'au bout et, d'autre part, pour que les *pianos*, tout en ayant une douceur extrême, ne cessassent pas de donner une sonorité pleine.

À ce propos, je dois noter une observation qui s'adressait plus particulièrement à l'orchestre de Bruxelles, mais qui s'applique aussi à beaucoup d'orchestres français, je n'en excepte pas ceux de M. Lamoureux et de la Société des

Concerts. Cette observation vise l'absence de naturel et de simplicité dans l'exécution. On multiplie les nuances sous prétexte de varier la diction. La moindre marche ascendante devient l'occasion d'un petit *crescendo* ; aucune blanche, aucune ronde ne passe sans que l'on enfle et que l'on diminue tour à tour le son ; les traits les plus insignifiants sont ornés d'accents pathétiques hors de proportion avec leur importances ; bref, c'est d'un bout à l'autre une préciosité inutile, une recherche lassante de petits effets dont certainement jamais l'auteur ne s'était avisé.

Que de fois, en France et en Belgique, n'ai-je pas entendu l'*andante* de la symphonie en *ut mineur* interprêté de la sorte avec toutes sortes d'intentions délicieuses qui n'y sont pas.

À la répétition, sous M. Richter, violoncelles et altos se conformant consciencieusement aux traditions reçues avaient bravement commencé ainsi :

etc.

avec des alanguissements et des vibrations sur chaque note détachée, des *sforzatos* et je ne sais quelles nuances infinitésimales rappelant la détestable manière de chanter de certains artistes d'opéra qu'on voit se pâmer à chaque note, la bouche souriante, les yeux au ciel, la main gauche sur le cœur, la droite scandant la mélodie et l'offrant en quelque sorte au public comme on ferait de petits pâtés sur un plateau.

Certaines mélodies sucrées dont la banalité ne peut se racheter qu'au moyen de pareilles habiletés de diction, se trouvent fort bien de cet intentionnisme laborieux. Mais la belle mélodie des classiques, de Bach, de Mozart, de Haydn, de Beethoven surtout, n'en a pas besoin et dès lors ces ornements deviennent des superfétations du plus mauvais goût.

Après avoir laissé les altos et les violoncelles bruxellois développer toute la phrase comme ils étaient accoutumés de la dire, M. Richter les pria de supprimer toutes ces nuances et de jouer simplement *dolce*, très doux et très lié, comme il est indiqué. Remarquez que l'expression *dolce* se pose sur la nuance *piano*, et que toute la phrase est surmontée du signe de liaison jusqu'au moment où se produit le premier forte à ce passage :

Encore ce *forte* retombe-t-il immédiatement au *piano*. Les intentions de Beethoven quant à l'absence d'accents pendant toute la première période de son chant, sont si évidentes qu'aussitôt après, il prodigue les signes expressifs, à l'entrée des violons :

Piano, Crescendo, Forte, en quatre mesures toute la série y est. Il y a là encore une fois une opposition nettement indiquée : le début absolument simple, la suite plus expressive, pour aboutir au thème varié.

Quant à ces variations d'un charme si ingénieux, il va sans dire qu'elles demandent une exécution extrêmement attentive et soignée. Le chant passe constamment du groupe des instruments à vent à celui des cordes. Il est indispensable que ce chant domine toujours et partout. Que de fois n'entend-on pas le contraire ! Quand les instruments à vent en bois disent la mélodie, il arrive presque toujours qu'ils sont étouffés par les cordes qui ne jouent pas assez légèrement les arabesques que Beethoven leur a confiées.

Beaucoup de chefs d'orchestre s'imaginent que c'est la figuration qu'on doit entendre de préférence puisqu'il s'agit, pensent-ils, de *variations*. C'est là une erreur. Le thème chantant reste toujours l'essentiel ; la variation est l'accessoire, elle est l'ornement. Et de même que dans l'architecture sous l'ornement on doit pouvoir deviner la ligne de structure, de même ici l'idée mélodique doit demeurer perceptible.

M. Richter avait porté tout particulièrement son attention sur ce point, notamment aux passages où les premiers violons exécutent leurs broderies en triples croches piquées. Même quand la partition porte *forte* dans les parties de violons, il n'hésitait pas à demander aux cordes un simple *mezzo-forte*, afin de maintenir toujours la pondération entre les deux genres de sonorités qui se répondent et se combinent.

Au passage des altos et des violoncelles

etc.

repris ensuite par les violons, il insista tout particulièrement sur l'abandon de tout espèce de nuance intermédiaire : Beethoven, indique encore une fois *dolce* et *piano*. Tout ce passage, ainsi que plus tard la même variation en triple croches, doit donc être joué très doux, très lié et avec la plus grande égalité possible. C'est surtout dans les traits de ce genre qu'il importe d'obtenir de tous les exécutants qu'ils observent le même coup d'archet. Il n'y a pas d'autre moyen d'arriver à la *clarté* et à l'*unité*. Et le fait est que jamais, à Bruxelles tout au moins, on n'avait entendu cet admirable *andante* exécuté aussi parfaitement dans ses moindres détails, calme, transparent, vaporeux et puissant tour à tour, incomparablement animé d'un bout à l'autre d'un souffle poétique intense, grâce à la variété des nuances et des sonorités.

Dans ses éloquents commentaires sur les neuf symphonies de Beethoven, Berlioz parlant de celle en *ut mineur*[1] signale dans l'*Andante,* à la dernière rentrée du premier thème un canon à l'unisson à une mesure de distance, entre les violons et les flûtes, les clarinettes et les bassons, qui donnerait, dit-il, à la mélodie ainsi traitée un nouvel intérêt, s'il était possible d'entendre l'imitation des instruments à vent. « Malheureusement, ajoute-t-il, l'orchestre entier joue fort dans le même moment et la rend presque insaisissable. »

Il est vrai que très rarement on entend ce *canon*. Mais je crois que c'est plutôt parce que les chefs d'orchestre en *ignorent* l'existence qu'en raison du bruit de l'ensemble orchestral[2]. Il est très simple de le rendre saisissable, c'est d'indiquer aux instrumentistes le sens véritable de ce qu'ils ont à jouer. C'est ce qu'avait fait M. Richter et sans même qu'il eût eu besoin de demander aux parties d'accompagnement d'atténuer le son ; il lui avait suffi pour que l'imitation fût clairement perceptible et dominât tout l'orchestre, de faire remarquer aux flûtes, clarinettes et bassons qu'ils avaient là un canon à exécuter en réponse aux violons et qu'ils devaient donner beaucoup de son.

Pour la troisième partie de la symphonie, l'*Allegro*, M. Richter produisit encore une fois au début un effet saisissant, indiqué d'ailleurs dans la partition, mais qui n'est le plus souvent réalisé que d'une façon approximative. Je veux parler du trait des violoncelles :

etc.

où presque toujours nos chefs d'orchestre trouvent matière à des enjolivements que Beethoven n'a pas voulus. Cela doit demeurer d'un bout à l'autre sourd et mystérieux jusqu'aux deux *ritardandos* des huitième et dix-huitième mesure :

Ici se produit un arrêt. Faut-il le marquer d'un accent pathétique, comme on le fait généralement avec un *crescendo* vers le *fa* des violons, ainsi que je l'indique ci-dessus ? Ou bien doit-on s'abstenir de porter le son davantage ?

M. Richter est de ce dernier avis, car il interdit le *crescendo* et maintint strictement jusqu'au bout de la phrase l'unique nuance indiquée. Il est, en effet, à remarquer que Beethoven n'a marqué ici aucun signe expressif.

Seulement M. Richter insista beaucoup pour obtenir des violons l'exécution correcte et délicate des deux notes piquées avant le point d'orgue. Le signe du *staccato* sur ces deux notes a une réelle importance, quoiqu'on n'y prenne pas garde généralement. Cette indication est d'autant plus digne d'attention que ces notes piquées sont en même temps liées. Les deux signes semblent contradictoires ; mais en réalité, ils ont un but très clair. Beethoven voulait là un effet de *suspension* en quelque sorte ; et ce *lié-détaché* ne peut avoir qu'un sens, c'est d'accentuer le *ritardando* de cette cadence.

Je me rappelle à ce propos une très intéressante conversation avec le maestro anversois Peter Benoit. Selon lui, Beethoven a voulu que cette cadence fût jouée avec une sorte *d'hésitation*, et c'est dans ce sens aussi qu'il interprète le mot *ritardando* qu'il ne faut pas confondre avec *rallentando*.

L'observation est très juste. *Ritardare*, retarder, c'est arrêter, suspendre, rompre le rythme ; *rallentare*, ralentir, c'est au contraire l'étendre, le prolonger, sans le briser. La différence est très sensible. Et cependant il n'est pas un seul traité, à ma connaissance, qui appelle l'attention sur cette nuance ; *rallentando, ritardando, ritenuto,* – encore une façon différente de graduer le ralentissement, – pour les dictionnaires de musique, les solfèges, les méthodes d'instruments, c'est à peu près la même nuance rythmique, et l'on ne prend pas la peine d'expliquer le sens intime de ces termes qui sont loin cependant d'être identiques. Il en est de même des termes italiens relatifs à la modification opposée du rythme, dans le sens de la rapidité : *accelerando, più vivo, stringendo,* etc. *Stringere,* resserrer le rythme, est une toute autre nuance qu'*accélérer*. Donner une allure *plus vive,* plus dégagée, plus enjouée, plus légère, est autre chose que précipiter le mouvement.

Autrefois ces multiples nuances importaient peu dans la musique instrumentale. Celle-ci ne connaissait guère que le *forte* et le *piano,* les mouvements vifs alternant avec les mouvements lents. Elle était limitée dans ses formules et nécessairement peu variée au point de vue expressif. Il n'en est plus de même depuis que l'art musical possède les symphonies de Haydn, Mozart et Beethoven, et que l'expression dans l'orchestre s'est développée d'une façon si surprenante. Il est grand temps qu'un esthéticien minutieux et attentif détermine une fois pour toutes le sens précis et exact de ces termes italiens dénués de sens pour la plupart des lecteurs, et qui se rapportant à une musique que nous n'entendons plus, ne servent le plus souvent qu'à troubler l'exécutant, ne pouvant lui donner la notion juste de ce qu'a voulu le compositeur. Chose étrange, M. Mathis Lussy qui dans son *Traité de l'expression,* a semé tant d'observations judicieuses et fines sur l'exécution instrumentale, n'a pas porté son attention sur ce point et il confond lui aussi, comme des termes analogues, les expressions italiennes auxquelles nous venons de faire allusion.

Pour en revenir à Beethoven, lorsque le début de l'*allegro* est exécuté comme il est indiqué, *pianissimo*, sourdement, avec cette sorte d'hésitation à la cadence *ritardando*, on n'imagine pas l'effet foudroyant que produit ensuite l'entrée subite et *fortissimo* des cors. On dirait une impérieuse affirmation venant brusquement repousser l'aspiration émue, mystérieuse comme une interrogation, qu'exprimait la première phrase, deux fois répétée ; les trois brèves du dessin des cors, rappelant par leur rythme le thème initial de la symphonie, font véritablement songer au mot de Beethoven : *Ainsi le sort frappe à notre porte*. Dans la véhémente opposition entre la mélodie éplorée pour ainsi dire des cordes, et le rythme impérieux qui des cors passe bientôt dans tout l'orchestre, il y a comme une poétique évocation du tourment de la vie, où incessamment le Désir passionné du repos se heurte au Devoir de l'œuvre, c'est-à-dire à la souffrance.

Remarquons d'ailleurs avec quelle netteté Beethoven indique sa volonté d'un contraste brutal. Non seulement les deux thèmes qui forment tout le développement de la première partie de l'*Allegro* sont de caractère très différent : l'un doux, vague, sans force rythmique ; l'autre extrêmement énergique au contraire et d'une forme mélodique très déterminée ; mais encore chacun d'eux est accompagné d'indications de nuances absolument tranchées : la première mélodie est toujours accompagné d'un *pianissimo* partout où elle paraît ; l'autre porte constamment le *fortissimo,* avec seulement çà et là, la flexion atténuée du simple *forte*. Tout cela est d'une précision absolue ; il semble qu'il suffise de savoir lire pour comprendre ? Mais voilà : les chefs d'orchestre, la plupart du temps ne lisent pas attentivement ; ils se contentent d'un à peu près et ainsi on arrive à ces exécutions sans relief et sans accent où toutes les nuances sont confondues, où tous les rythmes s'effacent.

À propos de cette troisième partie, je remarque, chose curieuse, que Berlioz emploie constamment la désignation : *scherzo*. C'est là une grosse erreur, car il est impossible de considérer ce morceau comme un *scherzo*, c'est-à-dire comme un allegro plutôt léger, plaisant, d'allure gaie (de l'italien *scherzare*, railler, jouer). Beethoven n'a pas employé le terme *scherzo* ; il écrit en tête du morceau *allegro,* ce qui est d'autant plus remarquable que dans toutes ses précédentes symphonies le mouvement rapide qui succède au grand mouvement lent, morceau central de la symphonie, il place soit un *menuet* (première et quatrième symphonie), soit un *scherzo* (deuxième et troisième symphonie). Ici, il ne le fait pas ; est-il admissible que ce soit sans intention ? Il est vrai que tout *scherzo* est nécessairement un *allegro* ; mais tout *allegro* n'est pas un *scherzo*. Ce dernier est le terme le plus étroit et celui, par conséquent, dont le sens est le plus précis. Beethoven ne l'a pas employé cette fois parce qu'évidemment il n'entendait pas qu'on donnât au morceau le caractère facile, aimable, inhérent à l'idée de *scherzo*.

Faut-il croire à une simple inadvertance de la part de Berlioz lorsqu'il fait un *scherzo* de l'*allegro* de l'*ut mineur* ? Ou bien n'est-ce pas plutôt que Berlioz entendait cet *allegro* tout autrement qu'on ne le conçoit généralement aujourd'hui ? La seconde hypothèse me paraît la plus vraisemblable. Berlioz s'explique en effet ainsi :

« C'est une étrange composition dont les premières mesures, qui n'ont rien de terrible cependant, causent cette émotion inexplicable qu'on éprouve sous le regard magnétique de certains individus. Tout y est mystérieux et sombre ; les jeux d'instrumentation d'un aspect plus ou moins sinistre semblent se rattacher à l'ordre d'idées qui créa la fameuse scène du Blocksberg, dans le *Faust*, de Gœthe. Les nuances du *piano* et du *mezzo forte* y dominent. Le milieu (le *trio*) est occupé par un trait de basses exécuté de toute la force des archets, dont la lourde rudesse fait trembler sur leurs pieds les pupitres de l'orchestre et ressemble assez aux ébats d'un éléphant en gaieté... Mais le monstre s'éloigne et le bruit de sa folle course se perd graduellement. Le motif du *scherzo* reparaît en *pizzicato*, le silence s'établit peu à peu, on n'entend plus que quelques notes légèrement pincées... »

On le voit, pour Berlioz, le morceau a plutôt le caractère fantastique, d'où devait résulter nécessairement une interprétation sensiblement différente de celle que je viens d'exposer. L'entrée des cors n'a plus la même importance et on la pouvait exécuter plus légèrement, ainsi que tout le développement qui suit. Aussi Berlioz indique-t-il erronément les accents par lesquels passe la première partie du morceau. Il dit que les nuances du *mezzo forte* et du *piano* y dominent. La vérité est que suivant les indications de Beethoven il y a *alternance* presque symétrique entre les deux nuances extrêmes du *passionissimo* et du *fortissimo*.

La fertile imagination de Berlioz lui faisait voir les ébats d'un éléphant dans le trio. Le fameux trait des basses devait donc, pour lui, être joué très pesamment : il parle d'ailleurs de sa « lourde rudesse. »

Tout cela est fort intéressant et très ingénieux, mais ne concorde pas évidemment avec la véritable pensée de Beethoven autant qu'on en peut juger par les indications qui émanent de lui-même. Pour ce trait fameux des basses il ne marque spécialement aucune nuance : au début du trait se trouve indiqué un simple *forte* : un seul *fortissimo* se produit après la reprise du trio, au dessin isolé des altos et des seconds violons.

S'il avait voulu là quelqu'accent extraordinaire, particulièrement pittoresque ou expressif, lui si précis d'ordinaire, n'aurait-il trouvé aucun moyen de faire connaître nettement sa pensée ? Cela me paraît bien invraisemblable. M. Richter se bornait simplement à faire jouer tout ce trait des basses avec une grande fermeté de rythme et le plus d'égalité possible, mais sans la moindre apparence de lourdeur ou de rudesse. Et je crois que cette interprétation, peut-être moins pittoresque que celle de Berlioz, est néanmoins la seule vraie et, certes, la plus musicale. Tout ce passage d'ordinaire très tourmenté et médiocrement expressif dans les laborieuses exécutions qu'on nous en donne généralement, était ainsi devenu très clair, et d'autant plus caractéristique. S'il fallait absolument lui découvrir un sens poétique ou philosophique, on pourrait dire qu'il exprimait très bien, ainsi rendu, l'état de trouble, l'incertitude d'une âme ballottée entre les désirs aimés et les décisions nécessaires, hésitant entre le parti à prendre, revenant sans cesse à son aspiration vers le repos ou le bien-être (retour de la mystérieuse et interrogative mélodie du début), triomphant enfin de sa longue irrésolution en arrivant à la délivrance dont l'éclatante fanfare du finale évoque fatalement l'idée.

Il n'y a pas lieu, du reste, de s'étonner que Berlioz sur ce point ait pu faire erreur. Tous les musiciens de son époque considéraient l'*allegro* de la symphonie en *ut* comme un *scherzo* et l'exécutaient comme tel. Schumann[3] par exemple trouvait que le *pizzicato* de l'*allegro* avait un caractère humoristique « bien qu'il annonce quelque chose de terrible » ; la phrase interrogative des basses lui

semblait devoir produire un effet comique. Lui aussi appelle *scherzo* cet *allegro* qu'on ne peut plus évidemment désigner de cette appellation comme l'a fait judicieusement remarquer Marx[4], tant il diffère par le caractère du genre de morceau plus ou moins léger qu'avant Beethoven on faisait succéder à l'andante. Les traditions orchestrales semblent en ceci avoir influé sur la conception même des chefs d'orchestre et d'illustres musiciens. En portant dans l'interprétation de Beethoven les procédés d'exécution applicables à Mozart et à Haydn, on n'a pas pris garde qu'on dénaturait le caractère absolument nouveau de cet *allegro*. La tradition, une fois établie, s'est conservée jusqu'ici. C'était dans l'ordre. Il a fallu les clairvoyantes observations de Wagner et ses critiques fondées sur la manière superficielle d'interpréter Beethoven pour la détruire et ramener l'attention sur un détail complètement négligé jusqu'ici, malgré l'importance capitale qu'il a non seulement pour l'interprétation esthétique, mais encore pour l'exécution matérielle de l'œuvre.

Après ce trio, nous arrivons à un merveilleux passage, qui n'est en quelque sorte qu'une longue préparation à l'*allegro final*, et dans lequel il semble que toutes les mélodies précédemment entendues se désagrègent, se dissolvent. Deux fois encore reparaissent les deux thèmes de l'*allegro*, mais comme brisés, haletants, atténués dans leur sonorité et leur intensité expressive par l'emploi du *pizzicato*. Il semble qu'une lassitude énorme se soit emparée de toutes les voix de l'orchestre ; et mystérieusement, dans la nuance *pianississimo,* – ppp. – commence une incomparable progression pendant laquelle les timballes marquent seules le rythme jusqu'au moment où les violons reprennent *sourdement* le thème initial, montant par degrés chromatiques du *mi bémol* au *fa majeur* sur la pédale de *sol* tenue par les basses.

Jusqu'au moment où se produit cette progression, M. Richter maintenait strictement un *pianissimo* absolu et l'on ne peut assez appeler l'attention sur l'insistance que met Beethoven à le demander. Trois ou quatre fois il marque un *sempre pp.*, qui est extraordinairement significatif. Le chef d'orchestre ne saurait donc assez recommander à ses artistes cette nuance si importante. M. Richter y avait porté toute son attention. Il voulait l'impression complète d'une stagnation, d'une concentration devant aboutir à un effort, d'une colère sourde qui se ramasse et se fait violence pour éclater tout à coup plus puissante et plus irrésistible.

Aussi quelle explosion, quel rayonnement de joie, quelle sensation radieuse de délivrance quand tout l'orchestre, aidé maintenant des trombones, du contrebasson et de la petite flûte (piccolo) qui n'avaient pas encore paru, entonne la fanfare triomphale ! Il y eut dans tout le public comme un remous, tant avait été grande la tension obtenue dans la préparation de cette entrée. Là, en effet, est la péripétie du drame psychologique dont cette incomparable symphonie est le développement sonore. Jamais je n'ai vu auditoire saisi d'une émotion aussi intense à l'audition d'un morceau purement symphonique que le fut le public bruxellois par cette exécution raisonnée et logique, intelligemment et savamment graduée.

Je dois ajouter toutefois que dans la suite du finale M. Richter parut avoir maintenu avec trop de rigueur l'uniformité du rythme. Il prenait la fanfare du début dans un mouvement très large, un peu plus lent qu'on ne le prend généralement de ce côté-ci du Rhin. Elle y gagnait en noblesse ; seulement par la suite on eût aimé qu'il animât un peu cette solennité. Le fameux chant des cors (mesures 25 à 35) manquait évidemment de souffle, d'éclat et d'accent. Je me rappelle l'avoir entendu bien mieux exécuté, vibrant et d'une étonnante splendeur au Conservatoire de Bruxelles sous la direction de M. Gevaert ; mais M. Gevaert prenait le mouvement un peu plus vite, et avec raison, je crois, car les notes longues des cors, dans la nuance du *fortissimo*, ne peuvent évidemment pas être soutenues, même par des artistes exceptionnels, au delà d'un certain temps. Le morceau a d'ailleurs acquis ici une allure passionnée et entraînante qui exige dans l'exécution une vigueur incompatible avec le sentiment de noblesse que M. Richter faisait très justement dominer au début.

Le mouvement plus retenu lui permettait d'ailleurs d'obtenir des nuances plus accentuées dans le chant qui suit :

où Beethoven veut encore une fois un contraste très marqué puisqu'on passe du *fortissimo* au *piano* et que toute la première partie de la période, avec ses noires piquées après chaque groupe de triolets, demande une exécution énergique de l'archet aussitôt changée en une grande douceur à l'entrée de la nuance *piano* et de la liaison qui enveloppe tout le second membre de la phrase.

Pour le *presto* final, M. Richter le faisait jouer très vite en demandant aux violons d'observer scrupuleusement le *forte-piano* que Beethoven indique avec insistance sur la première note du thème :

La force rythmique du *presto* était ainsi décuplée. Il semblait que l'on fût entraîné dans un tourbillon de joie et d'ivresse, pareil à celui qui termine la IVe symphonie. Et c'était à la fin l'oubli complet des douloureux conflits, de l'âpre lutte dont cet incomparable poème symphonique déroule l'émouvant tableau.

1. ↑ *À travers Chants ; les Symphonies de Beethoven.*
2. ↑ Je ne me rappelle l'avoir entendu qu'une seule fois, sous la direction de M. Peter Benoit, à Bruxelles. M. Benoit faisait jouer plus *piano* les autres instruments.
3. ↑ Schumann : *Das Komische in der Music,* dans *Gesammelte Schriften,* tom. I.
4. ↑ *Ludwig van Beethoven, Leben und Schaffen*

V

Le souci extrême des nuances expressives et des accents déjà si important dans l'interprétation de Beethoven, devient, on le comprendra, plus nécessaire encore dans l'exécution des œuvres de Wagner. Par rapport à Beethoven, Wagner occupe la situation de Beethoven vis-à-vis de Mozart et de Haydn ; et il l'a définie lui-même avec une sagacité remarquable, en analysant les dissemblances qui éclatent chez Mozart et Beethoven dans la façon de concevoir l'*allegro*. Wagner constate que chez Beethoven l'*allegro* est presque toujours une décomposition de l'*adagio* pur en une figuration plus animée ; tandis que chez Mozart – à part quelques rares exceptions dans ses dernières œuvres (symphonies, trios, quatuors), – l'*allegro* est généralement un morceau tout à fait indépendant où sur un thème donné, des rythmes vifs se succèdent et alternent sans autre but que de donner à l'*adagio* une contrepartie éclatante et mouvementée. Tous les *allegros* de Beethoven, au contraire, sont régis par un *melos fondamental* qui tient du caractère de l'*adagio,* qui l'annonce ou qui lui fait suite. De là dans ses mouvements rapides un caractère sentimental et même dramatique qui n'est pas généralement dans ceux de Mozart, ni surtout dans ceux de Haydn. Et c'est ce qui rend si frappant le contraste entre la symphonie de Beethoven et la symphonie de Mozart et de Haydn. M. Gevaert en a fait un jour la très intéressante expérience dans un des concerts du Conservatoire de Bruxelles (10 février 1889) ; il fit exécuter successivement la symphonie en *sol majeur* de Haydn, la symphonie en *sol mineur de Mozart, l'une de ses plus importantes, et* la septième symphonie (en *la*) de Beethoven. La juxtaposition de ces trois œuvres caractéristiques mit clairement en évidence la justesse absolue du mot de Wagner sur le développement donné par les deux premiers maîtres à la *mélodie de danse*. Les formes rythmiques dont ils revêtent leurs mouvements plus ou moins rapides sont incontestablement tributaires des rythmes dansants ; c'est une exception quand leurs thèmes s'élargissent et tendent à une expression plus libre et plus profonde. Avec Beethoven au contraire c'est le caractère expressif des thèmes et des développements qui est la règle. Toute la symphonie est issue d'un haut sentiment poétique qui la domine tout entière. Ses formes harmoniques, rythmiques et mélodiques sont directement motivées par ce sentiment d'où elles sont sorties librement en ne revêtant plus qu'extérieurement tel ou tel type caractéristique de forme musicale.

Chez Wagner, le système de développement psychologique commencé par Beethoven est poussé jusqu'à son extrême limite. Avec lui, même quand il écrit des morceaux purement symphoniques, l'intention poétique est dominante et c'est d'elle que résultent toutes les formes et leurs transformations. L'idée dramatique, non musicale, est la source même de ses développements. Il suffit d'énoncer ce principe, pour comprendre que les fragments tirés de ses œuvres, ouvertures, entr'actes, scènes détachées, demandent une interprétation toute nouvelle aussi différente de l'interprétation qui convient à Beethoven que celle-ci l'était déjà de l'interprétation exigée pour Mozart et Haydn.

Le style symphonique de Wagner n'est plus le style *lié* de ses prédécesseurs ; les idées ne sont pas la conséquence l'une de l'autre, pas plus que les formes du développement. Les contrastes ne résultent plus exclusivement des nuances qu'apportaient jadis à l'expression d'une même idée mélodique toutes les transformations dont elle est susceptible : augmentations, diminutions, renversements, division, variations, harmonisations différentes, etc. ; ils résultent de l'opposition même des thèmes à chacun desquels Wagner attache, on le sait, une signification particulière. Wagner a ainsi introduit dans la musique un mode nouveau d'expression qui se trouve déjà en germe dans les derniers quatuors de Beethoven, que Weber et Berlioz avaient reconnu et pratiqué, mais qu'avant lui aucun maître n'avait employé d'une façon aussi rigoureuse et systématiquement significative.

Avant toutes choses, le chef d'orchestre qui aura des fragments symphoniques de Wagner à diriger, devra donc se préoccuper de reconnaître cet élément nouveau de la composition et de le faire valoir, comme il convient, dans l'exécution.

L'ouverture des *Maîtres chanteurs de Nuremberg* est à cet égard une des pages les mieux caractérisées qui soient. Elle rentre d'ailleurs dans le cadre de cette étude, M. Richter l'ayant dirigée à son concert de Bruxelles.

Ce large et brillant prologue de l'œuvre musicalement la plus riche de Wagner, est bâti tout entier sur des thèmes empruntés aux épisodes essentiels de la comédie. Ces thèmes se divisent en deux catégories bien distinctes : les uns se rapportent à la corporation des Maîtres chanteurs, les autres à l'aventure amoureuse autour de laquelle évolue le drame.

C'est par le thème des *Maîtres,* sans autre préparation, que commence l'ouverture

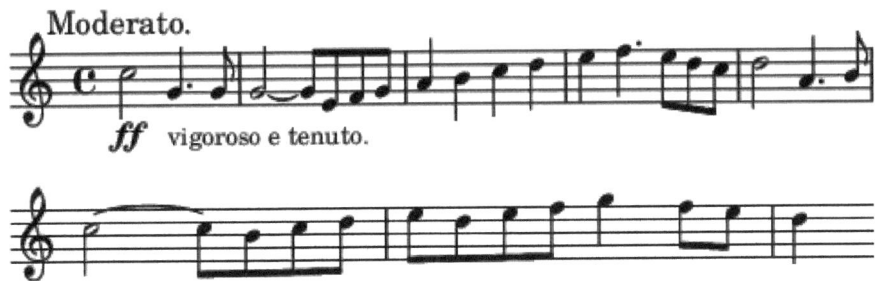

Ce thème large, pesant et carré qui caractérise admirablement la solennité satisfaite et la fierté tranquille des bons bourgeois de Nuremberg épris d'art et de poésie, Wagner le voulait dans un mouvement « très modérément animé », correspondant à peu près à l'ancien *allegro maestoso,* c'est-à-dire au rythme d'une marche noble, fortement accentuée comme l'indique d'ailleurs l'ample structure de la mesure en quatre temps réguliers. Pour bien en saisir le caractère il faut se rappeler le très joli mot de Wagner à propos de ses compatriotes : « L'Allemand est anguleux et gauche quand il veut affecter les bonnes manières ; mais il est grand et supérieur à tous quand il est enflammé. »

Il y a quelque chose de cette grandeur et de cette gaucherie dans le thème proprement dit des *Maîtres chanteurs* et dans la longue période, toute en figuration, que Wagner tire des dessins de son thème principal. Pendant les 26 premières mesures du prélude, cet élément domine seul. Brusquement un trille sur la dominante du ton d'*ut* nous introduit dans un tout autre ordre d'idées.

Avec le second thème, nous pénétrons dans un autre milieu ; les Maîtres chanteurs sont loin. Nous voici dans l'élément lyrique ; ce sont des amoureux qui parlent :

Cette phrase est sans aucun lien avec ce qui précède. L'opposition est absolue, non seulement dans les nuances, – Wagner multiplie les indications : *molto tranquillo, espressivo, meno forte e legatissimo*, – mais encore dans le caractère même des idées. Elles sont entièrement étrangères les unes aux autres. Les premières sont d'ordre pittoresque en quelque sorte, les autres, d'ordre passionnel. Elles demandent donc une interprétation essentiellement différente, sans que le mouvement subisse d'altération ; la première phrase dans tout son développement devra être jouée posément, avec ampleur et solennité ; la deuxième avec une délicatesse extrême, d'une façon expressive et très liée, jusqu'au *rallentando* de la mesure 35 où le dessin caractéristique du thème des *Maîtres*, donne naissance à un trait brillant des violons, lequel amène un troisième thème :

Ce nouveau thème encore une fois est sans rapport d'origine avec celui qui le précède immédiatement. Il est d'ordre pittoresque comme le premier : c'est la *Marche* des Maîtres chanteurs. Celle-ci se développe dans toute son ampleur, joyeuse, bruyante, exubérante jusqu'au *poco piu animato* de la mesure 90 :

Ce quatrième thème nous ramène de nouveau à l'élément lyrique, passionnel, mais exprimé cette fois d'une façon plus pressante. Si l'on se reporte au sens qui s'attache à ce thème dans le développement dramatique de l'œuvre, il sert à caractériser l'inquiétude amoureuse du chevalier Walther, épris de la belle Eva qui n'appartiendra qu'au vainqueur du concours de poésie et de chant organisé par les Maîtres chanteurs. Les syncopes haletantes du début et l'accent passionné qui doit se marquer sur le *mi* aigu, *fortissimo*, expriment parfaitement le sentiment que l'auteur avait en vue.

Ainsi apparaît clairement le plan suivi par le compositeur. Sa préface instrumentale est en raccourci l'exposé de la pièce : d'un côté les Maîtres chanteurs et la scolastique, de l'autre les amoureux dont la passion est à la merci des règles étroites de la corporation et de ce concours de chant d'où dépend leur union et leur bonheur. Les thèmes qui dans la suite de la partition se rapportent à ce conflit sont ceux précisément que Wagner emploie dans son prélude, et il les expose d'abord séparément, en quelque sorte comme le sujet et le contre-sujet d'une fugue, pour les grouper ensuite et les combiner selon la fonction qu'ils ont plus tard dans le drame.

Au moyen d'une série de délicates modulations sur le thème que nous venons de citer, il nous conduit du ton d'*ut* à celui plus chaud de *mi majeur* dans lequel se présente un cinquième thème plus doux, plus expressif encore :

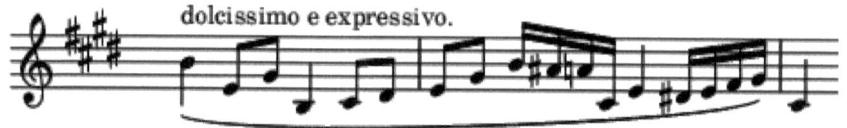

À la fin de son *Art de diriger,* où il donne d'intéressantes indications sur l'interprétation du prélude des *Maîtres chanteurs,* Wagner a dit lui-même de cette phrase : « Si l'on y met beaucoup de tendresse elle aura une expression passionnée mêlée d'agitation, comme une déclaration d'amour murmurée mystérieusement. » Afin de sauvegarder ce caractère, il recommande formellement de retenir un peu le mouvement. On le ranimera ensuite insensiblement avec le motif suivant :

dont la progression de plus en plus inquiète permettra de

revenir peu à peu au mouvement primitif. Cette progression sert en même temps à préparer l'apparition d'un élément nouveau qui n'avait pas encore été indiqué jusqu'ici : l'élément comique de l'œuvre.

Le thème qui l'annonce :

etc.

est tout uniquement celui des *Maîtres* traité en diminution, ce qui en fait une sorte de caricature. L'intention ironique s'accentue encore lorsqu'à ce thème vient se joindre le thème diminué de la passion de Walther que nous venons de citer (exemple précédent) ; et que finalement le compositeur dans un court passage fugué lui donne pour contresujet (dans les violoncelles) le motif suivant :

C'est le thème ironique sur lequel, au début de la scène du concours, au quatrième tableau de la pièce, le chœur exprime sa surprise en voyant paraître le grotesque Beckmesser parmi les concurrents au prix de poésie et à la main de la belle Eva. Sur ce thème, dans le texte allemand, on chante ces paroles :

Scheint mir nicht der Rechte

Ce qui veut dire : « Ce concurrent-là ne nous paraît pas être le vrai ! » Dans la version française de M. Wilder les gens du peuple s'écrient, en voyant Beckmesser : « Lui ! vraiment ? Est-ce bien possible ? »

Le sens de tous ces thèmes est ainsi très précis. Et l'on conçoit que, pour les bien rendre avec le caractère et l'accent que l'auteur a entendu leur assigner, il ne suffise pas de les exécuter selon leur rôle purement musical dans la composition. Ils sont à mettre en valeur au double point de vue de leur sens musical et de leur sens dramatique.

Il importe donc que dans l'interprétation de toute cette partie de l'ouverture, partie que Wagner lui-même a désignée comme un *scherzando*, l'intention comique soit nettement marquée. On arrivera aisément à l'exprimer en maintenant strictement le rythme et en détachant avec un soin méticuleux toutes les notes piquées de la figuration dans les différentes nuances dynamiques qu'indique la partition. Le motif ironique dont nous venons de parler surtout devra être exécuté très *staccato*, qu'il soit à la basse ou qu'il paraisse dans les dessus ayant à son tour pour contresujet le thème diminué des *Maîtres*.

Cet amusant caquetage des instruments à vent et des cordes aboutit à une explosion fulgurante où le véritable motif des *Maîtres*, lancé par la puissante voix des cuivres, reparaît en sa pleine majesté, isolé d'abord, combiné ensuite simultanément avec le thème diminué de la marche des *Maîtres* et avec le thème augmenté de la passion de Walther, devenu ainsi un chant noblement passionné :

etc.

Il importe que cette mélodie soit accentuée doucement, mais chantée avec âme et chaleur par les violons, dans la nuance *piano*. C'est un chant d'extase amoureuse, – la mélodie en est empruntée au chant de concours de Walther (3^(me) acte – et non un thème de marche. Il suit de là, aussi, que les thèmes secondaires qui se combinent avec lui doivent demeurer au second plan, tout en étant perceptibles. Le sentiment qui domine ici est celui d'une effusion lyrique. Celle-ci est interrompue pendant quelques mesures par un retour du thème ironique de Beckmesser, mais reprend bientôt son élan au *con fuoco*, où s'exprime *avec feu* l'enthousiasme du poète, chantant l'hymne triomphant à la beauté et à l'amour. En un mot, ce long développement n'est tout entier qu'un seul et même *crescendo* continu préparant la rentrée *fortissimo* dans tout l'orchestre des cuivres, de la fanfare éclatante de la *Marche des Maîtres*.

Wagner dans ses explications sur l'exécution de ce prélude, déclare très nettement que dans toutes les parties essentiellement lyriques, il laisse libre cours au sentiment des exécutants, c'est-à-dire qu'il n'arrêtait pas la tendance naturelle qu'ils ont de presser un peu le mouvement dans les passages chantés et passionnés. La rentrée de la fanfare et du thème de marche lui permettait ensuite de revenir insensiblement au mouvement modéré du 4/4 initial. Ainsi faisait aussi M. Richter. Tout le développement sur le thème de Walther et le *crescendo* s'animait peu à peu, et la fanfare même, très franchement attaquée, avec les curieux traits de violons qui l'enguirlandent, avait sous sa direction une allure très gaie, très joyeuse. C'est seulement à la seconde reprise de la fanfare, au *molto pesante*, que M. Richter retenait le mouvement, donnant une grande largeur au *cantabile* qui s'y rattache ; enfin la chaîne des trilles lui servait à ramener définitivement le mouvement initial du thème des *Maîtres* qui éclate finalement dans tout l'orchestre, superbe, puissant, comme une sorte d'apothéose formant poétiquement et musicalement la conclusion naturelle de cette préface instrumentale.

Le plan de cet important morceau est, on le voit, très simple. On y distingue d'abord l'opposition symétrique de quatre thèmes différents qui se rapportent aux deux éléments en présence dans l'œuvre dramatique : d'un côté la *scolastique*, de l'autre le *lyrisme* ; ce second élément se développe ensuite librement, pour être refoulé bientôt de nouveau par la raideur académique, qui toutefois est vaincue à son tour, laissant s'accomplir l'union des deux éléments d'abord opposés. En quelques pages de musique nous assistons ainsi au développement complet de la lutte, du conflit qui fait le sujet de la comédie.

Mais si ce plan est très clair, très rationnel, en revanche, la contexture musicale de cette admirable page symphonique est d'une délicatesse et d'une subtilité peu communes. Le travail thématique en est particulièrement intéressant et d'une exécution d'autant plus difficile que Wagner multiplie les indications expressives et suspend ou retient, à tout propos, le mouvement général de l'orchestre malgré la continuité de la figuration. Cependant dès lors que le sens des différents thèmes sera bien connu, l'accent qui leur est propre bien saisi, l'ouverture marchera toute seule. Il est arrivé même que cette page, naguère sifflée à outrance, proclamée incompréhensible et qui devait l'être en effet dans sa nouveauté, les chefs d'orchestre n'ayant aucune idée du sens de ce qu'ils jouaient, paraît aujourd'hui d'une limpidité absolue à des auditeurs qui l'entendent pour la première fois. J'ai moi-même constaté le fait à plusieurs reprises.

Dans son *Art de diriger* Wagner raconte qu'à quelques jours d'intervalle son ouverture fut exécutée à Leipzig, au *Gewandhaus*, sous sa direction d'abord ; elle fut bissée ; puis sous la direction de M. Reinecke, encore actuellement directeur du Conservatoire de cette ville ; elle fut sifflée. C'est que M. Reinecke s'était contenté de maintenir inflexiblement, tout le long du prélude, le large mouvement régulier (4/4) du premier thème, sans aucun égard pour les délicates flexions rythmiques que Wagner indique dans la suite.

Je me rappelle avoir entendu des exécutions analogues à Bruxelles et ailleurs ; et j'avoue que jusqu'en ces derniers temps, cette belle page a été jouée presque partout de manière à demeurer un véritable logogriphe pour les auditeurs non prévenus. Tout à coup, il y a quelque cinq ou six ans, la clarté se fit dans ce chaos de sonorités étranges. C'est que dans l'intervalle M. Joseph Dupont avait fait exécuter dans ses concerts divers autres fragments de l'opéra. Finalement l'ouvrage fut mis à la scène au théâtre de la Monnaie. Dès ce jour le prélude des *Maîtres Chanteurs* devint un morceau favori du public bruxellois et aussi l'un de ceux que l'orchestre des Concerts populaires exécute avec le plus de verve, de délicatesse et de limpidité. Je l'ai entendu bien souvent depuis, à Paris, à Londres, en Allemagne. Sans craindre d'être accusé de flatter indûment mes compatriotes, je puis dire qu'il y a peu d'orchestres actuellement qui jouent cette ouverture mieux que les artistes bruxellois. Les observations que M. Richter leur fit aux répétitions furent peu importantes. Il demande seulement aux cuivres de bien soutenir le son dans le thème de la marche, en évitant toute brutalité dans l'attaque de la fanfare ; aux cordes et aux instruments à vent de bien adoucir leur chant, chaque fois que reparaît l'élément lyrique : « Vous jouez les amoureux », leur disait-il ; enfin dans le *scherzando*, à insister sur l'exécution ferme et très précise du *staccato*. Rien de plus. Au Concert le morceau alla d'une façon splendide et fut longuement acclamé, comme il l'est du reste chaque fois que M. Joseph Dupont le dirige.

Tout ceci prouve que pour obtenir une belle exécution, il ne suffit pas que le chef seul connaisse les intentions de l'auteur ; il est utile que tous les artistes de l'orchestre aient des clartés sur la donnée poétique de l'œuvre et qu'ils sachent à quoi se rapporte ce qu'ils ont à exécuter. Cela est si vrai que du jour où ils avaient pu voir et entendre les *Maîtres Chanteurs* à la scène, et se rendre compte du sens des principaux thèmes, les exécutants de l'orchestre bruxellois rencontrèrent sans hésitation l'accent juste et M. Joseph Dupont, pas plus que M. Richter après lui, n'eurent de grande difficulté, l'interprétation expressive des thèmes étant bien fixée maintenant, pour fondre l'ensemble en un tout harmonieux et intelligible. La clarté s'était faite toute seule, là où régnait il y a dix ans le chaos.

V

Le prélude de *Tristan et Iseult* est d'un composition moins touffue et il n'a pas d'ailleurs le même développement que le prélude des *Maîtres Chanteurs*. Il n'en est pas moins d'une exécution extrêmement difficile au point de vue de l'expression.

C'est un morceau très lent, très large, mais très intense qui, commencé au *pianissimo,* s'élève et s'anime peu à peu jusqu'au *fortissimo* le plus passionné pour retomber finalement à la nuance de son point de départ.

Il est bâti tout entier sur quatre thèmes dont les développements et les combinaisons sont inintelligibles si l'exécution n'est pas extrêmement nuancée. Il faut croire que Wagner lui-même, en 1861, à Paris, n'était point parvenu à obtenir de son orchestre cette exécution très nuancée puisque le prélude ne fut pas compris même par Berlioz.

Dans son compte rendu des Concerts de Wagner à l'ancien Théâtre-Lyrique[1], Berlioz affirme n'avoir entendu qu'un seul thème « sorte de gémissement chromatique », et tout le morceau n'est pour lui qu'une suite « d'accords dissonants dont de longues appogiatures augmentent encore la cruauté ».

Que Berlioz n'ait pas voulu entendre ou qu'il n'ait pas vu clair, l'interprétation ne lui ayant pas donné une idée du plan de l'œuvre et du développement des thèmes, son appréciation n'en demeure pas moins bien superficielle, ce dont pourra se convaincre quiconque voudra analyser un peu attentivement cette merveilleuse page symphonique.

En réalité ce morceau est aussi clairement, aussi régulièrement développé que le plus naïf andante de Mozart.

Le premier thème est le suivant :

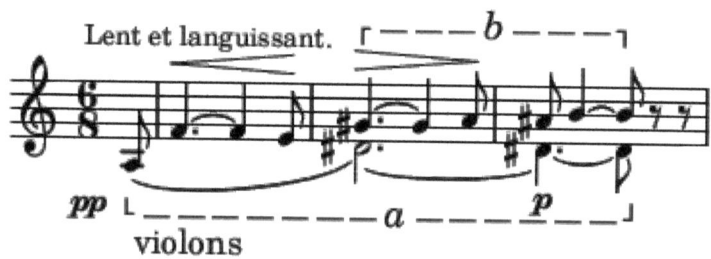

C'est le gémissement chromatique dont parle Berlioz. On remarquera l'indication placée en tête du morceau : *Langsam und schmachtend, lent et languissant*, C'est la première fois probablement que l'adjectif *schmachtend* apparaît comme désignation expressive en tête d'une composition symphonique.

Le premier thème comprend deux motifs que Wagner dans la suite disjoint, mais qu'il emploie généralement dans la disposition où nous les voyons ici.

La phrase chromatique descendante (*a*) est d'abord confiée aux violoncelles ; la phrase ascendante (*b*) appartient aux instruments à vent : hautbois, clarinettes, cor anglais, bassons.

Or, il importe que dès le début l'auditeur soit bien fixé sur leur caractère et leur sens. Le mot de Berlioz est frappant de justesse : le premier motif est un véritable gémissement et c'est comme tel qu'il doit être exécuté, très *pianissimo* au début, avec un léger *crescendo* sur le *ré dièze*, pour s'éteindre de nouveau sur le *ré bécarre* que le violoncelle ne donne pas, mais qui se trouve dans l'accord des instruments à vent.

M. Richter aux répétitions insista surtout sur deux points : d'abord l'exécution *très piano* du *la* initial, qui doit être *soutenu* et non *détaché* comme on le fait souvent en poussant de l'archet. Sur le *fa* la sonorité s'enfle doucement pour amener le *rinforzando* du *ré dièze*. Toute la phrase doit d'ailleurs être dite très lentement et d'une façon absolument liée.

Ensuite M. Richter insista pour obtenir un accent très marqué, – sans brutalité toutefois, – sur le *sol dièze* du hautbois, à l'entrée des instruments à vent. Ce *sol dièze* note initiale du deuxième motif est en même temps appogiature de l'accord de septième de sensible (*fa-si-ré dièze, la*) sur lequel évolue la phrase, et qui lui imprime le caractère si incisif, si cruel qui la distingue. Ce motif qui semble un sanglot doit, lui aussi, s'enfler doucement et se perdre de nouveau dans un *piano* extrême.

Quand ces deux nuances, le *crescendo* et le *decrescendo*, sont bien rendues, l'extraordinaire langueur qui s'exprime en ces premières mesures du prélude ne peut manquer de saisir l'auditeur, et il n'a plus de peine alors à comprendre la progression de cette plainte amoureuse qui monte inquiète et toujours plus vive, jusqu'à l'explosion de la phrase ardent qui forme le second thème et qui est comme la réponse aux interrogations éplorées du début :

etc.

C'est encore aux violoncelles que ce chant large et passionné est confié d'abord, il passe ensuite aux violons avec un accent de plus en plus enflammé, pour aboutir à une conclusion qui devient elle-même un nouveau thème sous cette forme :

Ces thèmes n'offrent aucune difficulté d'interprétation. Seulement il faut qu'ils soient bien *chantés* par l'instrument à qui ils sont confiés et qu'ils restent toujours clairement perceptibles.

Plus loin, on retrouve aussi la première partie de cette très belle phrase sous une forme plus figurée :

etc.

Elle a ainsi un caractère très passionné, vibrant, véhément même. Les nuances à observer sont un *crescendo* très marqué sur le dessin ascendant, et un *diminuendo* sensible sur la chute. Celle-ci doit demeurer toujours perceptible, surtout quand Wagner combine les deux formes du thème dans une sorte d'imitation très serrée qui deviendrait inintelligible si l'on n'entendait pas la finale.

Le quatrième thème est d'un caractère moins tourmenté, moins douloureux :

C'est avec lui que le prélude atteint son point culminant. Les tierces apportent comme un éclat lumineux et presque joyeux dans cette page symphonique d'un sentiment si sombre et si attristé. Mais ces lueurs cèdent bientôt à un retour des deux thèmes passionnés dont nous venons de parler et qui s'enlacent étroitement, tandis qu'à la basse on entend la phrase chromatique descendante du premier thème.

La conclusion du morceau est formée par la reprise toujours *diminuendo* des deux phrases initiales.

Le simple examen de la constitution mélodique de ces thèmes indique leur caractère. Ils sont essentiellement pathétiques et l'emphase dans la diction, qui serait ailleurs déplacée, n'est pas contradictoire ici aux sentiments qu'il s'agit d'exprimer. Tous les accents indiqués dans la partition doivent donc être très saillants, presque exagérés.

N'oublions pas que ce prélude sert de préface instrumentale à la plus tragique aventure d'amour, au drame passionnel le plus intense qui soit à côté de *Roméo et Juliette* (de Shakespeare !).

Wagner d'ailleurs emprunte tous les thèmes de son prélude au premier acte de son drame, notamment à la scène première où Iseult pleure l'abandon où elle se trouve, et à la grande scène où les deux héros, qui se croyaient condamnés à se haïr éternellement, absorbent le philtre d'amour au lieu du poison mortel qu'Iseult avait fait préparer et se jettent éperdument dans les bras l'un de l'autre en proie à une ineffable extase. C'est à cette situation que se rapporte particulièrement le quatrième thème.

À ce propos j'appellerai l'attention des chefs d'orchestre sur le trait rapide (une octave entière) qui conduit au sommet mélodique de ce motif. Ce trait, qu'on le remarque bien, fait partie intégrante du thème. Ce n'est pas un simple *ornement* ; il doit être exécuté strictement, posément, sans précipitation, avec un léger appui sur la note initiale afin de bien marquer le point de départ. C'est un petit détail auquel M. Richter, avec raison, attachait beaucoup d'importance. Tout le développement qui suit et où ce trait revient constamment acquiert ainsi un élan extraordinaire et prend une expression radieuse qui forme un contraste évidemment voulu par l'auteur.

Alors aussi devient plus poignante l'arrivée du *decrescendo* sur la rentrée des accords désolés, de l'incisive et gémissante appogiature du premier thème. À la fin, quand les dernières notes de ce thème retombent inarticulées, à peine murmurées, haletantes, brisées, s'exhalant ainsi que le dernier souffle et le dernier sanglot d'un agonissant, je défie bien l'auditeur le plus insensible aux émotions musicales de ne pas éprouver une forte secousse.

L'effet sera nul, en revanche, si les constantes alternatives entre le *crescendo* et le *diminuendo* ne sont pas rendues avec un relief suffisant. C'est alors, comme le disait Berlioz, une succession d'accords dissonants sans signification apparente et d'autant plus cruels que toute l'architecture harmonique du morceau est calquée sur les harmonies du premier motif.

On remarquera que dans le prélude de *Tristan*, Wagner ne suit point pas à pas l'action dramatique ainsi qu'il le fait dans l'ouverture des *Maîtres Chanteurs*. Tous les thèmes, quoique distincts, sont issus d'un même sentiment et développent une même idée musicale ou, tout au moins, des idées musicales étroitement liées l'une à l'autre à la fois par leur forme mélodique et leur base harmonique.

1. ↑ *À travers chants : Concerts de Richard Wagner.*

VII

Dans le prélude de *Parsifal*, Wagner revient au contraire au système de développement suivi dans le prélude des *Maîtres Chanteurs*, système qui est d'ailleurs aussi celui de l'ouverture du *Tannhœuser*. Le prélude traduit exactement la donnée psychologique du drame. L'idée de la Rédemption par la souffrance, par le renoncement et par la pitié domine toute l'œuvre ; c'est sur les thèmes relatifs à cet ordre de sentiments que se développe la préface instrumentale. Wagner nous en a du reste laissé une analyse, ou si l'on veut, un commentaire, auquel il faut nécessairement se reporter.

En tête de ce commentaire il a lui-même écrit : Amour, foi, espérance. Et voici comment il expose l'idée poétique développée dans le prélude :

Premier thème : *Amour.* – Prenez mon corps, prenez mon sang pour la grâce de notre amour. (Répété en diminuant par des voix d'anges.)

Prenez mon corps, prenez mon sang en souvenir de notre amour. (De nouveau répété en diminuant.)

Ce premier thème, dont voici la notation musicale :

est la mélodie que les chevaliers du Graal chantent pendant

le festin mystique de la *Pâque* à la fin du premier acte, dans la grande scène du temple.

C'est donc un thème essentiellement religieux qui doit être dit avec beaucoup de noblesse et d'onction.

Le mouvement indiqué par Wagner est très *lent, sehr langsam*. Si mes souvenirs sont exacts, M. Richter battait le 4/4, comme un 8/8, c'est-à-dire qu'il indiquait deux temps *très modérés* de la valeur d'une croche par chaque noire du 4/4. Ceci donne une idée de la largeur de son mouvement. Partout, sauf à Bayreuth, j'ai toujours entendu ce thème beaucoup plus vite. Je n'hésite pas à préférer l'extrême lenteur du mouvement de M. Richter, non seulement parce qu'elle est bien dans les traditions et les idées de Wagner, mais encore parce que la phrase, ainsi exposée, se développe avec une ampleur magnifique et qu'il est possible alors d'obtenir une gradation très pathétique du *pianissimo* initial au *forte* qui marque le point culminant de la mélodie, ainsi que le *diminuendo* de plus en plus douloureux et alangui qui se produit sur la chute.

L'important est que cette gradation et la diminution qui suit, surtout l'accent (*forte*) marqué sur le sol, soient bien rendues par les instruments à vent quand ils reprennent le thème sur l'accompagnement arpégié des cordes.

Quant à cet accompagnement, il doit être très velouté, très lié, avec un léger accent d'appui à la note fondamentale de chaque arpège. À la conclusion des deux premières périodes le *pianissimo* des instrument à vent, sur les accords brisés de *la* et d'*ut,* surtout dans les flûtes ne peut être assez doux.

Après quoi, long silence, pour préparer l'entrée du deuxième thème.

Reprenons ici le commentaire de l'auteur :

> Deuxième thème : *Foi.* — *Promesse* de la Rédemption par la Foi. Ferme et pleine de sève, se manifeste la Foi, grandie, voulante, même dans la souffrance.
>
> À la promesse renouvelée, la Foi répond des plus douces hauteurs, — comme portée par les ailes de la blanche colombe, descendant d'en haut, — saisissant les cœurs humains toujours plus largement et plus totalement, emplissant le monde de l'entière nature, ensuite regardant de nouveau vers l'éther céleste, comme doucement apaisée.

Ce deuxième thème, selon le système d'oppositions déjà signalé dans le prélude des *Maîtres Chanteurs,* s'affirme sans aucune transition. Il est d'abord exposé par les cuivres :

Il est de la plus haute importance que le chef d'orchestre obtienne des exécutants l'attaque très douce du premier accord. C'est ici ou jamais l'occasion d'appliquer le *piano soutenu* dont nous avons précédemment parlé. Avec les excellents instrumentistes que possèdent la plupart des orchestres français et belges la difficulté de cette attaque dans la nuance *piano* est très réalisable. Il suffit de la demander pour l'obtenir. Rien ne peut donner une idée de la majesté et de la grandeur qu'acquiert la marche ascendante en sixtes, lorsque le *crescendo* marqué est bien rendu et qu'ensuite la phrase va se perdant de nouveau, en montant avec les flûtes vers les régions extrêmes de l'échelle sonore.

Ce thème, on le sait, sert dans tout l'ouvrage à caractériser le culte du *Graal*, symbole de la *promesse de Rédemption*.

Wagner lui oppose le thème suivant :

d'abord répété deux fois par les cuivres, présenté ensuite dans tout son développement sous cette forme :

Scandé énergiquement au début, il aboutit par une série chromatique descendante à un point d'orgue longuement soutenu *pianissimo*. C'est la *Foi*, « ferme et pleine de sève, voulante même dans la souffrance » dont parle le commentaire.

On remarquera les signes placés au-dessus de presque toutes le notes du thème. On les confond quelquefois dans l'exécution avec le signe du *staccato* ; c'est un tout autre accent que demande ici Wagner[1]. Il veut un *marcato*, un accent d'appui, très marqué, sur chaque note, mais *sans sécheresse* ; le son doit être très *soutenu* au contraire après avoir été vigoureusement attaqué. Le mouvement a d'ailleurs passé du 4/4 à un 6/4 un peu plus animé, chaque groupe de trois notes ayant la valeur de deux noire de la large mesure précédente. À la fin de la période nous revenons insensiblement à l'ampleur du 4/4 initial par un léger *ritenuto* (*zurückhalten*) à la dernière mesure qui ramène une rentrée très adoucie (dans les cordes) du thème du *Graal*.

« À la *promesse de Rédemption renouvelée, la Foi répond des plus douces hauteurs* » nous dit le commentaire. Et en effet voici le thème de la *Foi*, chanté, murmuré presque par les flûtes et les cors, puis par les instruments à cordes. Il se répète ainsi quatre fois de suite dans différentes tonalités, en passant par toutes les familles d'instruments, d'abord très doux, très soutenu, très lié, puis de nouveau *fortissimo* dans les cuivres, (cette fois, dans la mesure de 9/4), avec prolongation de certaines notes, sur l'accompagnement du tremolo des cordes ; enfin, pour la quatrième fois, de nouveau très doucement, dans les instruments en bois.

Grâce à ces nuances (quand elles sont bien observées), et à la diversité de l'instrumentation, cette belle phrase change d'expression à chaque répétition, tantôt énergique et farouche, tantôt enveloppante et pleine de caresses, ou mystérieuse et mystique, selon qu'elle est lancée par les cuivres, dite par les cordes ou chantée par les bois.

Revenons au commentaire de Wagner :

Alors, encore une fois, du tressaillement de la solitude s'élève la plainte de l'*aimante compassion* : l'angoisse, la sueur sacrée du mont des Oliviers, la divine souffrance du Golgotha ; – le corps pâlit, le sang coule, s'échappe et brille avec une céleste lueur de bénédiction, répandant, sur tout ce qui vit et souffre, la joie de la Rédemption par l'Amour. À lui qui, – terrible repentir du cœur ! – doit se plonger dans la vue divinement expiatoire de la tombe, à lui, Amfortas, le gardien souillé du sanctuaire, nous sommes préparés : y aura-t-il à sa cruelle souffrance d'âme une rédemption ? Une fois encore, nous entendons la promesse et – nous espérons.

L'*aimante compassion*, c'est le premier thème, le motif de la *Pâque* qui, sur le tremolo extrêmement sourd des cordes, est répété trois fois de suite en montant du ton de *la* à celui d'*ut* bémol puis de *ré dièze*, d'abord par les instruments en bois, puis par les violoncelles, enfin par les clarinettes ; seulement cette fois, Wagner forme avec la conclusion un thème nouveau :

Ce dessin est répété plusieurs fois, avec un accent de plus en plus pathétique, surtout quand il passe aux *altos* et *clarinettes* qui mènent la phrase jusqu'à sa conclusion. On ne saurait ici demander aux solistes assez d'expression, aux parties d'accompagnement assez de réserve dans le *tremolando pianissimo*. Il faudra veiller surtout que les roulements de timbales soient délicatement exécutés : ce doit être un imperceptible murmure dans les mystérieuses profondeurs de l'orchestre.

Le prélude atteint ainsi son point culminant, avec la reprise par tout l'orchestre des deux dernières mesures du premier thème répétées deux fois de suite, puis une troisième fois encore avec une appogiature :

etc.

Sur ce dessin le mouvement doit s'élargir de nouveau (*Etwas gedehnt*), pour ramener dans le mouvement primitif le thème du début qui va se perdre, en diminuant, jusqu'à la fin du prélude.

Sur les premières notes de cette phrase on ne peut assez forcer l'expression. C'est le cri d'angoisse du vieux roi Amfortas blessé par la lance de Klingsor ; les trois notes marquées doivent être extrêmement incisives, la fin de la phrase, après l'appogiature, au contraire toute languissante et éplorée. C'est l'accent le plus pathétique de tout le prélude. Il va ensuite en s'atténuant sur des dessins du même thème qui s'exhalent brisé et plus lents comme les soupirs du roi agonisant épuisé par la souffrance.

Quand le thème de la *Pâque*, le thème de l'aimante compassion reparaît alors, répété d'octave en octave, il a vraiment le caractère que lui assigne Wagner dans son commentaire. C'est une supplication, une prière, une interrogation inquiète et confiante aussi : « Pouvons-nous espérer ? ».

1. ↑ Je dirais volontiers de ces notes si fortement scandées qu'elles doivent être affirmées chacune comme un dogme.

VIII

Deux des fragments symphoniques qui figurent le plus fréquemment au programme de nos concerts, la *Chevauchée des Walkyries* et le finale du 3ᵉ acte de ce drame, désigné aussi assez souvent sous le titre de *symphonie* ou *Incantation du feu* arrêteront en dernier lieu notre attention, en raison des quelques observations extrêmement intéressantes faites par M. Richter à propos de leur exécution.

Ces deux pièces essentiellement pittoresques n'offrent aucune difficulté d'interprétation au point de vue expressif. En revanche, l'exécution des nombreux traits rapides que Wagner confie aux violons ne laisse pas que d'embarrasser quelquefois le chef d'orchestre.

Prenons d'abord la *Chevauchée*.

C'est un 9/8 d'un rythme très déterminé, qui doit se battre en trois temps très égaux et relativement modérés malgré l'indication *allegro* que porte le morceau. Le caractère d'*allegro* qui lui est propre, résulte de la division ternaire de chaque unité de la mesure et de la figuration très animée de toutes les parties orchestrales. Seulement, pour peu que l'on précipite le mouvement on risque de jeter l'orchestre hors du rythme et de produire le plus épouvantable gâchis ; si au contraire, on ralentit le mouvement, cette page si vivante s'alourdit et perd toute couleur. Wagner malheureusement n'a placé en tête du morceau aucune indication métronomique de nature à guider les chefs d'orchestre, de sorte qu'il est assez difficile de définir ses intentions. Le mieux est de s'en rapporter à la constitution rythmique des thèmes caractéristiques d'où dépend toute l'allure de la composition.

Le plus important de ces thèmes est celui qui paraît d'abord dans les basses :

Ce motif sautillant qui rend avec une justesse bien piquante le galop d'un cheval me semble ne pas pouvoir donner lieu à une méprise. Le dessin en est si net qu'il me paraît impossible de le jouer autrement que l'auteur ne l'a voulu. Par ce thème rendu avec soin, c'est-à-dire avec l'accentuation incisive du *rythme* par l'exécution exacte de la croche pointée et de la double croche de chaque groupe de trois brèves, on aura sans faillir le mouvement et l'allure de tout le morceau. C'est sur le même rythme exactement que se développe ensuite le thème des *Walkyries*, dans les violoncelles, les cors, etc.

etc.

L'essentiel est de bien observer le *molto marcato* qu'indique l'auteur. Le rythme doit être toujours très énergique, les accents très sensibles.

À ces deux motifs se joint ensuite un troisième qui est proprement le cri de ralliement des *Walkyries*, rendu par l'onomatopée *Ho-ïo-to-ho !*

Ho- ïo- to- ho !

Le caractère de ce motif est une sorte de frénésie sauvage. De ce côté-ci du Rhin on l'exécute rarement avec l'accent que Wagner a voulu lui donner Nos cantatrices quand elles chantent ce *Ho-ïo-to-ho* si pittoresque, osent à peine ouvrir les voyelles *o* et les *h* aspirées ne sonnent guère énergiquement, comme dans le *hop, hop,* des cavaliers. Aussi ce féroce cri walkyrique qui avait une si fière allure dans la bouche de la Materna, devient-il chez elles un tout petit cri plutôt joyeux que cruel, plus gaillard que fier. Et il en est de même à l'orchestre. Nos chefs d'orchestre en font un dessin presque gracieux. Ce n'est pas ainsi que le comprend M. Richter. Au lieu de détacher la double croche comme on le fait généralement à Paris et à Bruxelles, il demande au contraire de porter le son sur cette double croche ; c'est sur la note la plus basse de chaque groupe qu'il mettait l'accent le plus fort et la finale recevait un peu de ce renforcement du son. Il chanta plusieurs fois le thème à l'orchestre pour bien faire saisir l'accentuation qu'il voulait, ho-ïo-to-ho, avec un appui sur *to* et une sorte de port de voix vers le dernier *ho*. Ainsi c'était bien le cri sauvage et tout frémissant d'ardeur guerrière que en 1876 à Bayreuth l'on entendit retentir pour la première fois du haut de la roche où s'assemblent les vierges farouches de la bataille.

C'est sur ces trois thèmes diversement instrumentés et combinés qu'est bâtie toute la *Chevauchée*, et il va de soi qu'à l'exécution ils doivent demeurer constamment au premier plan. Les traits qui s'enroulent et courent autour d'eux ne sont que l'accessoire, qu'on le remarque bien ; ils ne doivent par conséquent jamais dominer.

C'est ainsi que le trait persistant des violons, d'abord en mineur puis en majeur (le morceau débute en *si mineur* et se développe ensuite en *si majeur*) finit par énerver l'auditeur si on lui donne trop d'importance. À ce propos une observation très importante de M. Richter m'a frappé. L'illustre chef d'orchestre qui eut on le sait l'honneur insigne et la gloire de diriger la première exécution de l'*Anneau du Nibelung* à Bayreuth en 1876, dès qu'il eut entendu les violons bruxellois exécuter ce trait en virtuoses, avec éclat, les pria d'y mettre plus de modération, et surtout de marquer, *non pas* la note *supérieure* de l'arpège descendant, mais la note *inférieure*, de la façon que voici :

Non seulement le trait devient moins strident, et il est d'une exécution plus aisée ; mais encore c'est seulement en l'exécutant de la sorte qu'on lui donne son véritable sens. Ces arpèges descendants ne sont autre chose en effet, qu'une décomposition d'accords brisés descendants du ton de *si* (*majeur* ou *mineur*, selon le cas). Or, comme c'est toujours la basse qui détermine la nature et la position d'un accord, il est nécessaire que la fondamentale ait un certain relief. En d'autres termes, ce trait doit être exécuté comme une série d'accords commencés par la note la plus aiguë mais dont la note fondamentale demeure la note essentielle. Ensuite, il est très important qu'il soit exécuté en mesure. Les exécutants ont tendance à faire tomber la fondamentale de chaque arpège sur les temps forts et ils commencent instinctivement le trait trop tôt, avant la mesure ; faute grave qu'il faut à tout prix éviter.

De même dans le trait confié aux seconds violons et aux altos :

c'est sur les finales que doit porter l'accent, d'autant qu'elles tombent sur les temps forts de la mesure.

Il ne faut pas toutefois exagérer l'importance de ces traits et tout en veillant à la plus grande exactitude dans leur exécution, ne pas leur attribuer un rôle qu'ils n'ont pas dans l'architecture mélodique et harmonique de la composition. L'important est que les notes *d'appui*, celles qui *comptent dans l'accord*, arrivent exactement à leur temps et avec leur valeur réelle.

Dans l'introduction d'*Harmonie et Mélodie,* M. Camille Saint-Saens parle de ces « traits impraticables ne pouvant s'exécuter que par à peu près » dont Wagner, dit-il, a tiré un grand parti. « L'*Incantation du feu,* ajoute-t-il, est le triomphe de ce procédé. Le résultat est fort beau, mais n'est-il pas dangereux d'habituer les exécutants à ce genre de travail ? »

Évidemment ! Et je ne pense pas que l'intention de Wagner, si précis, si pénétrant, si méticuleux quand il parle de l'exécution des Classiques, ait jamais été de fausser sur ce point les traditions qui doivent demeurer et sans lesquelles l'Art musical tomberait rapidement dans la décadence.

Mais dans des pages de musique essentiellement pittoresques comme celles-ci, Wagner a simplement cherché des effets de *sonorité* qui ont leur raison d'être dans la nature même du morceau et qu'il s'est bien gardé de prodiguer.

Le trait obstiné des violons de la *Chevauchée*, trait, qui s'il n'est pas impraticable est tout au moins très difficile et surtout très fatiguant pour les exécutants, a pour effet certain d'imprimer à tout l'ensemble une sorte de fébrilité qui est bien dans le caractère de cette chasse aérienne des déesses de la guerre. Il est clair que pareil procédé serait inapplicable ailleurs.

Dans l'*Incantation du feu* il y a, vers la fin, des traits de violons plus compliqués encore. L'effet voulu par Wagner est celui d'une sorte de pétillement, de grésillement. Il s'agit d'une notation musicale *du feu*. Là encore l'important à l'exécution est que les notes essentielles de la mélodie ou de l'harmonie soient clairement rendues. Le reste peut et doit même, dans un certain sens, demeurer *flou* et indécis. Ces arabesques sont encore une fois accessoires tantôt au thème de la *Walkyrie endormie*,

etc.

tantôt au motif du *feu* dont la flûte donne le dessin en notes piquées :

etc.

ou bien encore à la succession chromatique descendante qui accompagne l'adieu de Wotan. La première fois, cette succession apparaît en valeurs longues soutenues *pianissimo* ; la seconde fois, elle est rendue crépitante en quelque sorte par les dessins rapides dont les violons et les harpes encadrent ses harmonies. L'essentiel, et j'insiste sur ce point, c'est que ces harmonies demeurent claires. C'est-à-dire que les notes du trait des violons ayant une fonction harmonique correspondent exactement aux accords que soutiennent en valeurs longues, comme la première fois, les instruments à vent.

Lorsqu'ensuite le thème de la *Walkyrie endormie,* le thème du *sommeil* comme on le désigne d'ordinaire, reparaît dans les flûtes, les clarinettes et les hautbois accompagné par les arabesques grésillantes dont nous avons parlé, il est une nuance que M. Richter recommanda tout particulièrement et sur laquelle j'appelle l'attention. D'ordinaire, – je ne l'ai jamais entendu autrement dans les concerts, – on fait porter très en dehors le thème du *sommeil* qui à partir de cette rentrée jusqu'à la fin persiste obstinément dans les dessus. Or c'est là une erreur. Ce thème au lieu d'être mis en relief ici, doit au contraire s'effacer devant le chant qui est dans les parties intermédiaires, notamment devant les harmonies du *Destin* :

qui jouent un rôle important dans le final, et devant le large thème de *Siegfried*, du héros sans peur qui viendra délivrer la Walkyrie prisonnière du feu.

Ces thèmes forment la partie chantante, celle qui doit être mise en relief. Tout le reste est de la figuration et de l'accompagnement.

Le thème du *sommeil* n'est partie chantante que tout au début du morceau, où il paraît avec la nuance *dolce et expressivo*, après la première apparition de la succession chromatique. Quand on exécute tout le récit de Wotan, il apparaît encore comme motif *principal* à l'entrée du *lento* et dans les huit mesures qui précèdent immédiatement ce mouvement. Mais ensuite il redevient motif *secondaire* en se combinant avec les autres thèmes signalés ci-dessus. Le thème *du sommeil* doit donc être joué *piano*, sans quoi, comme il est sans cesse répété, il produit à la fin la plus cruelle lassitude.

IX

En somme, nous en revenons toujours au principe énoncé au début de cette étude. Accentuer comme il convient chaque phrase isolée, donner le relief nécessaire à l'idée qui doit être portée plus en dehors, sur laquelle repose l'accent dans l'ensemble de la composition ; telle est la tâche la plus délicate du chef d'orchestre. C'est par la justesse du coup d'œil à cet égard que se révèlera en lui l'artiste, comme le talent du chanteur ou du comédien se reconnaît au don particulier de dire juste. Car c'est un don, c'est un instinct : le sens inné de la musique et de ses combinaisons qui fait le bon chef d'orchestre. Et toute l'habileté acquise par l'expérience n'y peut suppléer. On ne naît pas chef d'orchestre, il est vrai, mais on le *devient* encore moins, si l'on n'est pas *né musicien*.

Surtout depuis que la musique, arrivée à l'apogée de sa puissance expressive, a si extraordinairement développé ses combinaisons orchestrales, il ne suffit plus d'apporter dans l'art de diriger l'érudition facile et les petites habiletés qui faisaient autrefois la réputation d'un chef. Je ne pense pas qu'on puisse encore soutenir sérieusement aujourd'hui, comme le fait cependant M. Deldevez dans son *Art du chef d'orchestre*, que le violoniste est l'instrumentiste désigné naturellement pour remplir les fonctions du chef d'orchestre et que l'archet seul permet de « jouer » de l'orchestre, mais

« à la condition d'être tenu par la main d'un violoniste ». C'était bon cela du temps où le *violino primo* avait invariablement la partie chantante, soit qu'il dessinât le cantabile d'une façon indépendante, soit qu'il doublât un chanteur. Aujourd'hui, le violon n'a plus cette situation exceptionnelle dans l'ensemble instrumental et ses titres à la direction ont perdu de leur valeur, quoiqu'en pense M. Deldevez. Avec une candeur peut être un peu intéressée[1] il explique dans un long chapitre de son livre que l'idéal du chef d'orchestre c'est le compositeur-violoniste. Que le chef d'orchestre sache l'art de la composition, c'est la première condition qu'il ait à remplir ; mais qu'il soit ou non violoniste, cela importe fort peu en vérité. Il y a même ce fait piquant que parmi les chefs d'orchestre fameux de ce siècle, hormis Habeneck, il n'y a pas un seul premier violon. Mendelssohn, Jules Rietz, Ferdinand Hiller, Franz Lachner, Liszt qui ont été des chefs fameux en Allemagne, étaient tous pianistes ; et actuellement encore, les chefs les plus réputés à côté de M. Richter : Hans de Bulow, Félix Mottl de Calsruhe, Lévy de Munich, Sucher de Berlin, Viola d'Amsterdam, Rubinstein et Rymski-Korsakoff à St-Pétersbourg, sont sans exception des *non*-violonistes. Berlioz et Wagner qui passaient en leur temps pour d'incomparables *capellmeister*, n'ont jamais touché un violon. M. Gounod qui est, lui aussi, un remarquable conducteur n'est pas, que je sache, un virtuose de l'archet. Il est vrai qu'à l'Opéra de Paris et à l'Opéra-Comique la tradition des chefs d'orchestre-violonistes s'est maintenue jusqu'ici ; mais c'est peut-être à cause de cela que dans ces deux établissements on entend si rarement de bonne musique bien exécutée, malgré l'excellence des orchestres.

Le violon ne fait rien à l'affaire. Le chef d'orchestre idéal devrait même n'être jamais un virtuose au sens propre du mot ; ni violoniste, ni pianiste, pas même flûtiste. Musicien, voilà la première et l'ultime condition : que le chef d'orchestre soit un *vrai* musicien, qu'il sache ce qu'est l'art de la composition et qu'il sache aussi ce que sont tous les instruments de l'orchestre. C'est là l'important. Après tout, l'orchestre est son instrument à lui, et il va de soi que pour « jouer sur ce clavier » il est indispensable qu'il en connaisse toutes les touches.

M. Hans Richter est, à ces égard, l'artiste le plus complet que j'aie rencontré. Il est véritablement musicien jusqu'aux moelles. On sait les anecdotes piquantes qui courent sur sa jeunesse, lorsqu'engagé à l'orchestre de Munich, il passa successivement des instruments à vent (il jouait du cor !) au pupitre des violons puis sur la scène parmi les chanteurs, prêt à toutes les besognes et se tirant toujours d'affaire.

Quand, en 1862, il seconda Wagner pendant la composition des *Maîtres chanteurs*, toutes les après-midi Richter jouait au maître sur le piano ou l'orgue des compositions de Bach et d'anciens maîtres.

La mémoire musicale chez lui est développée à un degré prodigieux. Je me rappelle en 1876 à Bayreuth après une des représentations *du Ring*, l'avoir vu accomplir un véritable tour de force : le pianiste Louis Brassin jouait d'après la musique la première partie d'un arrangement de fragments des *Nibelungen* pour deux pianos ; Richter, sans l'ombre d'une partition sous les yeux, et, assis à un autre piano, improvisa sans une hésitation la seconde partie, ce qui suppose une connaissance de la partition absolument impeccable. Wilhelmj, le célèbre violoniste, était présent et comme on était venu à parler de Bach, tout de suis Wilhelmj prit son violon et joua quelqu'*aria* du vieux Kantor ; Richter accompagna de mémoire aussi aisément qu'il venait de jouer du Wagner.

On sait d'ailleurs qu'il dirige généralement sans partition. C'est ainsi qu'à Bruxelles on l'a vu conduire sans une note de musique sous les yeux, aux *répétitions* comme au concert, la symphonie en *ut mineur* de Beethoven, une fantaisie de Liszt, et les cinq pièces assez importantes de Wagner dont il a été question dans ce travail.

On me dit qu'à Londres où il a donné pendant la dernière *season* une série de six concerts symphoniques dont le programme allait de Bach à Brahms, en passant par Mozart, Haydn, Beethoven, Schubert, Mendelssohn, Schumann, etc., on n'a pas vu une seule fois une partition sur son pupitre, même aux répétitions. En 1871, lorsqu'il vint à Bruxelles diriger la première représentation de *Lohengrin* au théâtre de la Monnaie, c'est de mémoire qu'il conduisit tout l'ouvrage.

Telle est l'attention et la pénétration avec laquelle il analyse la composition qu'il a à diriger qu'il la sait par cœur au moment de prendre en main le bâton de mesure. Après la répétition il repasse encore une fois la partition, comme pour s'assurer que l'exécution qu'il vient de conduire répond bien aux intentions de l'auteur et pour mieux fixer dans sa mémoire l'effet sonore des différentes parties de la composition. C'est une faculté toute spéciale, chez M. Richter, que cette surprenante facilité d'assimilation, et l'on ne saurait le proposer sous ce rapport que comme un phénomène à admirer.

Mais ce qui est à imiter chez lui, c'est sa méthode de travail et la conscience avec laquelle il étudie dans ses moindres détails les compositions qui lui sont confiées.

Au pupitre, M. Hans Richter s'impose par la simplicité et aussi par la netteté impérieuse de son geste. Le rythme est indiqué avec une énergie singulière, sans sécheresse toutefois. L'action qu'il exerce sur les exécutants est d'autant plus directe qu'il n'y a pas entre eux et lui l'obstacle d'une partition. Il dirige à la fois du geste et du regard.

Un détail charmant à cet égard : on sait dans le prélude de *Tristan* la plaintive mélodie du hautbois qui, après le premier chant des violoncelles, monte par demi-tons pour s'éteindre dans un pianissimo très doux. Pour bien indiquer l'accent de la phrase, tandis que la main droite battait la mesure, M. Richter portait discrètement la main gauche vers son cœur, en un joli mouvement, naturel et sans affectation, disant avec justesse et émotion à l'exécutant : « Jouez avec âme. » Et il fut servi à souhait. Cela, bien entendu, sans que le public s'aperçût de cette délicate mimique, car M. Richter n'est pas de ceux qui dirigent pour le public ; il est là pour l'orchestre, rien que pour l'orchestre. Je tiens ce joli trait de M. Guide, le distingué hautboïste de l'orchestre bruxellois et professeur au Conservatoire royal. Depuis j'ai entendu ce même motif du prélude exécuté par un hautboïste tout aussi distingué, mais sèchement et froidement, sans ce « cœur » que faisait résonner Richter. La faute n'en était pas au soliste mais au chef d'orchestre qui battait sévèrement la mesure pendant ce chant doux et navré et continuait même à la battre ostensiblement pendant les longs et suggestifs silences, les silences vides et désolés, qui succèdent à cette plainte sans réponse. M. Richter se gardait bien pendant ces pauses de montrer son bâton se bornant à compter mentalement.

M. Richter n'est pas, du reste, de l'école de ces chefs d'orchestre qui annihilent la spontanéité chez les exécutants et *mécanisent* l'interprétation. Il aime, au contraire, à laisser l'orchestre suivre son sentiment, quitte à le ramener dans le droit chemin s'il menaçait de s'égarer. Il en est toujours le maître parce que sans s'imposer toujours aux exécutants, il ne les abandonne jamais.

Les musiciens de l'orchestre bruxellois n'en revenaient pas, dès la première répétition, de l'autorité, je dirais presque de la domination exercée sur eux par cet homme extraordinaire. Et après le concert, ils avouaient n'avoir jamais joué avec autant de « sécurité » ; le mot est à retenir. J'attribue en partie cette « sécurité » au fait que M. Richter dirigeait par cœur. De son propre aveu, il a mieux ainsi dans la main tout l'ensemble instrumental. Un petit détail donnera, du reste, une idée de la finesse de son ouïe. Au cours d'une des répétitions, il arriva que dans un trait un second violon frôlât de son archet la corde voisine de celle qu'il faisait vibrer. Mince accident, en somme, dont peu de chefs se seraient souciés. M. Richter arrêta tout l'orchestre, et s'adressant sans hésitation à l'auteur de cette faute légère, il lui dit : « S'il vous plaît, une corde, pas deux ! » Ainsi au milieu du fouillis et du bruit de l'ensemble instrumental, ce frôlement accidentel dont l'auteur ne se doutait peut-être pas lui-même n'avait pas échappé à son oreille !

Si méticuleuse que soit la direction de M. Richter, elle demeure cependant extraordinairement vivante et enflammée. Le rencontrant après le concert, il me parut très enroué et presque aphone. Je lui en demandai la raison : « C'est que, dit-il, quand j'entre dans le feu de l'exécution, je ne puis m'empêcher de chanter avec les principales parties ; et comme on ne doit pas m'entendre, je fais des efforts surhumains pour chanter en dedans. C'est plus fatigant, ajouta-t-il, en riant, que de chanter à pleine voix ! »

Voilà, il me semble, un trait caractéristique ; et l'on comprend qu'un chef d'orchestre qui s'identifie si complètement avec l'œuvre entraîne les interprètes, qu'ils les subjugue plutôt qu'il ne les commande. Il vibre avec son orchestre et l'orchestre vibre avec lui.

Admirable tempérament d'artiste, en un mot, musicien accompli, intelligence supérieure et noblement éprise de tout ce qui est grandeur dans la musique et dans tous les arts, M. Hans Richter est de ces rares interprètes dont le concours est nécessaire aux créations du génie et en demeure à jamais inséparable. De tels hommes méritent d'être salués à l'égal des maîtres.

Et ç'a été pour Richard Wagner un grand bonheur d'avoir rencontré un tel homme qui, après avoir été un disciple dévoué, et être devenu un ami passionné, est demeuré le plus autorisé et le plus génial propagateur de son oeuvre.

Au nom du respect sacré que nous devons aux créations du génie, Wagner avait protesté et avec raison contre la mutilation et le travestissement de la pensée de Beethoven, de Mozart, de Bach, de Weber par de prétendues traditions, évidemment pures à l'origine, mais altérées à la longue par la mollesse et l'insuffisance des intermédiaires.

C'est la même haute pensée dont M. Hans Richter s'est fait une loi. Grâce à la sûreté de main qui se trouve chez lui mise au service d'une compréhension musicale extraordinairement lucide, il continue pratiquement l'oeuvre qu'avait commencé Wagner en ces pénétrantes analyses du génie de Mozart, de Beethoven, de Gluck, de Weber, etc., disséminées en ses écrits et où se trouvent marqués d'un trait si juste les points lumineux, les saillies caractéristiques des évolutions de l'art.

L'un et l'autre auront ainsi travaillé à l'accomplissement d'une réforme qui était devenue nécessaire et qui aura été une rénovation bienfaisante dans le domaine de la musique.

1. ↑ M. Deldevez fut, on le sait, violoniste avant de devenir le chef d'orchestre de l'Opéra et de la Société des concerts du Conservatoire de

Paris.